맑 스 · 엥 겔 스
에 센 스   0 1

공산주의 선언

공산주의 선언

칼 맑스 · 프리드리히 엥겔스 지음
김태호 옮김

박종철출판사

차례

일러두기

1. 이 책은 엥겔스가 새로운 서문을 붙여 1890년에 출판한 Das Kommunistische Manifesto(제4판)을 번역한 것이다.

    여러 서문은 저자들이 원고를 썼던 언어로 된 텍스트를 번역했다. 1872년 독일어 제2판, 1883년 독일어 제3판, 1890년 독일어 제4판의 서문은 독일어로 된 텍스트를, 1882년 러시아어판과 1892년 폴란드어판의 서문은 각각 러시아와 폴란드에 보내준 독일어 초고를, 1888년 영어판 서문은 엥겔스가 쓴 영어 원고를, 1893년 이딸리아어판 서문은 엥겔스가 보낸 프랑스어 원고를 번역한 것이다.

2. 대본 또는 참조한 책은 다음과 같다.

    · Karl Marx/Friedrich Engels: Ausgewählte Werke in sechs Bänden, Institut für Marxismus-Leninismus beim ZK der SED, Dietz Verlag, Berlin, 1970~1972, Band I, 383~451.

    · Karl Marx/Frederick Engels: Collected Works, Progress Publishers, Moscow, 1975, vol. 6, 477~519, vol. 23, 174~175, Vol. 24, 425~426, Vol. 26, 118~119, 512~518, Vol. 27, 53~60, 273~274, 365~366.

    · Karl Marx, Œuvres, édition par Maximilien Rubel, Gallimard, 1965, T. I, 159~196, 1480~1492.

    · 『マルクス=エンゲルス8卷選集』, 大月書店, 1974, 第2卷, 46~99.

3. 저자가 붙인 주는 *, ** 따위로 표시해 해당 쪽에 각주로 처리했다. [1], [2] 따위로 표시된 것은 역자 주이며 후주로 처리하였다.

4. 문장부호는 한국어에 어울리게 바꾸었으며, 원문에 이탤릭체로 표시된 강조는 굵은 활자로 처리했다.

5. 외래어는 1986년 '외래어 표기법'(문교부 고시 제85-11호)에 꼭 따르지 않고 원음에 가깝게 표기하기도 했다.

공산주의 선언

유령이 유럽에 떠돌고 있다. 공산주의 유령이. 옛 유럽의 모든 세력이 이 유령에 맞선 신성한 몰이사냥을 위해 동맹을 맺었다.[1] 교황과 짜르가, 메테르니히와 기조가, 프랑스 급진파와 독일 경찰관들이.[2]

정권을 잡고 있는 자신의 적수들로부터 공산주의적이라는 비방을 받지 않았을 반정부당이 어디 있으며, 더 진보적인 반정부 인사들과 반동적인 적수들에게 공산주의라고 낙인찍는 비난을 되돌리지 않았을 반정부당이 어디 있는가?

두 가지 결론이 이러한 사실로부터 나온다.

공산주의는 이미 유럽의 모든 세력에게 하나의 세력으로 인정받고 있다.

지금이야말로 공산주의자들이 자신들의 견해, 자신들의 목표, 자신들의 지향을 전 세계 앞에 공공연하게 표명해, 공산주의 유령이라는 소문에 당 선언 자체로 맞서야 할 시기다.

이러한 목적으로 매우 여러 국적의 공산주의자가 런던에 모여, 영어, 프랑스어, 독일어, 이딸리아어, 플라망어, 덴마크어로 발표될 아래와 같은 선언을 기초한다.[3]

I
부르주아와 프롤레타리아[*]

이제까지의 모든 사회의 역사^{**}는 계급투쟁의 역사다.

자유민과 노예, 파트리키우스와 플레브스[5], 남작과 농노, 쭌 프트 성원과 직인[6], 요컨대 억압자와 피억압자는 끊임없는 대립 속에서 서로 맞섰으며, 때로는 숨긴 채 때로는 드러내 놓고 끊임없이 투쟁했고, 그러한 투쟁은 번번이 사회 전체의 혁명적 개조로 끝나거나 투쟁하는 계급들이 함께 몰락하는 것으로 끝 났다.

우리는 이전의 역사 시대 거의 어디서나 사회가 여러 신분으로 철저히 구분되어 있고 사회적 지위가 잡다한 등급으로 나뉘

---

* 부르주아지란 현대 자본가의 계급, 즉 사회적 생산수단의 소유자이자 임금노동의 고용자를 의미한다. 프롤레타리아트란 자기 자신의 생산수단을 갖고 있지 않아서 살기 위해 부득이 자신의 노동력을 판매해야 하는 현대 임금노동자의 계급을 의미한다.[4] [1888년 영어판]

** 엄밀하게 말하자면, 쓰인 역사를 말한다. 1847년에는 사회의 전사前史, 즉 기록된 역사에 앞서 존재한 모든 사회조직은 알려져 있지 않은 것이나 다름없었다. 그 후 학스타우젠이 러시아에서 토지 공동소유를 발견하고 마우러는 그것이 모든 독일 종족이 역사상 출발했던 사회적 기초였음을 증명하여, 토지를 공동으로 보유하는 촌락공동체가 인도에서부터 아일랜드에 이르기까지 어디서나 사회의 원형이었다는 사실이 점차 알려지게 되었다. 이러한 원시 공산주의사회 내부 조직이 마침내 그 전형적인 형태로 밝혀진 것은 모건이 씨족의 참된 본성과 종족 내에서의 씨족의 위치에 대해 발견하여 대미를 장식함으로써였다. 이 최초의 공동체가 해체되면서 사회는 분리된, 그리고 결국에는 서로 적대적인 계급들로 분화되기 시작한다. [1888년 영어판] [1890년 독일어판]

나는 『가족, 사적 소유, 국가의 기원』(제2판, 슈투트가르트, 1886년)에서 이러한 해체 과정을 추적하려 시도한 바 있다. [1888년 영어판]

어져 있음을 본다. 고대 로마에는 파트리키우스, 기사, 플레브스, 노예가 있었고, 중세에는 봉건영주, 봉신, 쭌프트 성원, 직인, 농노[7]가 있었으며, 게다가 거의 모든 이러한 계급 안에는 다시 특수한 등급들이 있었다.

봉건사회가 몰락하면서 생겨난 현대 부르주아사회는 계급 대립을 폐지하지 않았다. 낡은 계급들, 억압의 낡은 조건들, 투쟁의 낡은 모습들 자리에 각각 새로운 것을 앉혀 놓았을 뿐이다.

그렇다 해도 우리 시대, 부르주아지 시대는 계급 대립을 단순화했다는 점에서 두드러진다. 사회 전체가 점점 더 두 개의 커다란 적대적 진영으로, 서로 직접 대립하는 두 개의 커다란 계급으로 분열하고 있으니, 부르주아지와 프롤레타리아트가 그것이다.

중세 농노로부터 최초 도시의 성외시민이 생겨났고, 이 성외시민층으로부터 부르주아지의 최초 요소들이 발전했다.[8]

아메리카 발견과 아프리카 회항은 대두하던 부르주아지에게 신천지를 열어 주었다. 동인도 시장과 중국 시장, 아메리카 식민지화, 식민지들과의 교역, 교환수단과 무릇 상품이라는 것의 증가 따위로 인해 상업, 해운, 공업이 미증유의 비약을 이루게 되었으며, 허물어져 가는 봉건사회 안에 있던 혁명적 요소는 그럼으로써 급속한 발전을 이루게 되었다.

이제까지의 봉건적 또는 쭌프트적 공업 경영 방식[9]으로는 새로운 시장과 함께 증대하는 수요에 더 이상 충분하지 않았다. 매뉴팩처가 그 자리에 들어섰다. 쭌프트 장인들은 공업 중간신분[10]에게 밀려났고, 서로 다른 조합 사이의 분업은 개별 작업장 자체 내의 분업 앞에서 사라져 버렸다.

그러나 시장은 줄곧 성장했고 수요는 줄곧 증가했다. 매뉴팩처로도 더 이상 충분하지 않았다. 그때 증기와 기계류가 공업 생산에 혁명을 일으켰다. 매뉴팩처 자리에 현대 대공업이 들어섰고, 공업 중간신분 자리에 공업 백만장자, 공업 군대 전체의 우두머리, 현대 부르주아가 들어섰다.

대공업[11]은 아메리카 발견이 준비해 둔 세계시장을 갖춰 놓게 되었다. 세계시장 덕에 상업, 해운, 육운 따위에 헤아릴 수 없이 발전이 일어났다. 이러한 발전이 다시 공업 신장에 영향을 미쳤으며, 부르주아지는 공업, 상업, 해운, 철도 따위가 신장되는 것과 같은 정도로 발전했고, 자신들 자본을 증식시켰으며, 중세로부터 내려오던 모든 계급을 뒷전으로 밀어냈다.

따라서 우리는 어째서 현대 부르주아지 자체가 기나긴 발전 과정의 산물이며 생산방식과 교류방식에서의 잇따른 변혁의 산물인지 알게 된다.

부르주아지의 이러한 각각의 발전 단계에는 그에 걸맞은 정치적 진보가 수반되었다.[12] 부르주아지는 봉건영주 지배 아래에서는 피억압자 신분이었고, 꼬뮌*에서는 무장한 자치 연합체여

---

* '꼬뮌'이란 프랑스에서 발생기의 도시들이 자신들의 봉건적 영주와 주인으로부터 지방자치정부와 '제3신분'으로서의 정치적 권리를 전취하기 이전부터 취한 이름이다. 일반적으로 말하자면, 부르주아지의 경제적 발전과 관련해서는 여기서 영국이 전형적인 나라로 취급되며 정치적 발전과 관련해서는 프랑스가 그렇다. [1888년 영어판]
이딸리아와 프랑스의 도시민들은 자신들 봉건영주로부터 최초의 자치권을 사들이거

서, 어떤 곳에서는 독립적인 도시 공화국이었고 다른 곳에서는 군주국에서 납세의무를 지닌 제3신분이었으며, 그 다음에 매뉴 팩처 시기에는 신분제군주국이나 절대군주국에서 귀족에 대한 평형추였으며 무릇 대군주국이라는 것의 주요한 토대였다가, 끝내 대공업과 세계시장이 갖추어진 이래로는 현대 대의제 국가에서 배타적인 정치적 지배권을 쟁취했다.[13] 현대의 국가권력은 부르주아계급 전체의 공동 업무를 관장하는 위원회일 뿐이다.

부르주아지는 역사에서 매우 혁명적인 역할을 했다.

부르주아지는 자신들이 지배권을 얻은 곳에서, 모든 봉건적, 가부장제적, 목가적 관계를 파괴했다. 부르주아지는 타고난 상전들에 사람을 묶어 놓던 잡다한 색깔의 봉건적 끈들을 무자비하게 잡아 뜯어 버렸고, 사람과 사람 사이에 노골적인 이해관계, 냉혹한 "현금 계산" 말고는 다른 아무런 끈도 남겨 놓지 않았다. 부르주아지는 신앙심 깊은 광신, 기사의 열광, 속물의 애상 같은 신성한 외경畏敬을 이기적 타산이라는 얼음처럼 차디찬 물속에 빠뜨려 버렸다. 부르주아지는 개인의 존엄성을 교환가치로 해소해 버렸으며, 문서로 인증되고 정당하게 얻어진 수많은 자유 자리에 **단 하나의** 인정사정없는 상업의 자유를 앉혀 놓았다. 한마디로, 부르주아지는 종교적, 정치적 환상 때문에 은폐되어 있던 착취 자리에 공공연하고 뻔뻔스럽고 직접적이고 무미건조한 착취를 앉혀 놓았다.

나 강탈한 뒤에 자신들 도시공동체를 그렇게 불렀다. [1890년 독일어판]

부르주아지는 이제까지 존경받았던, 사람들이 경외하며 바라보았던 모든 직업에서 그 신성한 후광後光을 벗겨 버렸다. 부르주아지는 의사, 법률가, 성직자, 시인, 학자 따위를 자기네 유급임금노동자로 바꾸어 놓았다.

부르주아지는 가족 관계를 가리고 있던, 심금을 울리는 감상적인 장막을 찢어 버렸고, 가족 관계를 순전한 화폐 관계로 돌려놓았다.

반동배가 중세에 야만적인 힘의 과시에 그렇게도 경탄했다면, 부르주아지는 그러한 힘의 과시가 어떻게 태만하기 그지없는 게으름뱅이 생활로 적절하게 보완되어 왔는가를 폭로했다. 부르주아지야말로 인간의 활동이 무엇을 이룩할 수 있는가를 증명했다. 부르주아지는 이집트 피라미드, 로마 수로, 고딕식 성당 따위와는 완전히 다른 기적을 성취했으며, 민족대이동이나 십자군원정과는 완전히 다른 원정을 수행했다.

부르주아지는 생산도구들에, 따라서 생산관계들에, 따라서 사회관계들 전체에 끊임없이 혁명을 일으키지 않고서는 존재할 수 없다. 그와는 반대로 이전의 모든 산업계급에게는 낡은 생산방식이 변함없이 지속되는 것이 첫째가는 존재 조건이었다. 생산의 끊임없는 변혁, 모든 사회 상태의 부단한 동요, 영원한 불안과 동요 따위가 부르주아 시대를 다른[14] 모든 시대와 구별해 준다. 오래되고 존귀한 표상들 및 의견을 대동하고 있는 굳고 녹슨 모든 관계, 새로이 형성된 모든 것은 정착되기도 전에 낡은 것이 되어 버린다. 신분적인 것과 정체적停滯的인 것[15]은 모두 증발해 버리고, 신성한 것은 모두 모독당하며, 그래서 사람들은 끝내 자신의 생활상의 지위와 상호 연관들을 깨인 눈으로 바라보지 않을 수 없게 된다.

생산물의 판로를 끊임없이 확장하려는 욕구는 부르주아지를 전 지구상으로 내몬다. 부르주아지는 도처에서 둥지를 틀어야 하며, 도처에서 정착하여야 하고, 도처에 접속해야 한다.

부르주아지는 세계시장을 우려먹음으로써 만국의 생산과 소비가 범세계적인 꼴을 갖추게 했다. 반동배에게는 대단히 유감스럽게도, 부르주아지는 산업의 발밑에서 그 일국적 기반을 빼내가 버렸다. 태고의 일국적 산업들은 절멸되었고 또 나날이 절멸돼 가고 있다. 이 산업들은 모든 문명국민이 생사가 걸린 문제로 여기고 도입하려는 새로운 산업들에게, 즉 더 이상 본토의 원료를 가공하는 것이 아니라 아주 멀리 떨어진 지대의 원료를 가공하며 그 제품이 자국에서 소비될 뿐만 아니라 모든 대륙에서 일제히 소비되는 그러한 산업들에게 밀려나고 있다. 국산품으로 충족되었던 낡은 욕구들 자리에 새로운 욕구들이 들어서며, 이 새로운 욕구들을 충족시키려면 아주 먼 나라와 토양의 생산물들이 필요하다. 낡은 지방적, 일국적 자급자족과 고립 자리에 국민들 서로의 전면적 교류, 전면적 의존이 들어선다. 그리고 이는 물질적 생산에서 그렇듯 정신적 생산에서도 마찬가지다. 개별 국민의 정신적 창작물은 공동재산이 된다. 국민적 일면성과 제한성은 더욱더 불가능하게 되고, 많은 국민문학, 지방문학으로부터 하나의 세계문학이 형성된다.[16]

부르주아지는 모든 생산도구의 급속한 개선과 끝없이 편리해진 교통을 통해 모든 민족을, 가장 미개한 민족까지도 문명 속으로 잡아당긴다. 부르주아지 상품의 싼 가격은 부르주아지가 모든 만리장성을 쏘아 무너뜨리고 외국인에 대한 야만인들의 완고하기 그지없는 증오를 강제로 항복시키는 중포重砲다. 부르주아지는 망하고 싶지 않거든 부르주아지의 생산방식을 취득하라고 모든 민족에게 강요하며, 이른바 문명을 자국에 도입하라고, 다시 말해 부르주아가 되라고 강요한다. 한마디로, 부르주아지는 자기 자신의 형상대로 세계를 창조하고 있다.[17]

부르주아지는 농촌을 도시의 지배 아래 놓이게 했다. 부르주아지는 거대한 도시들을 창조했고, 도시 인구를 농촌 인구에 비해 크게 증가시켰으며, 그리하여 인구의 상당 부분을 농촌 생활의 우둔함에서 떼 냈다. 부르주아지는 농촌을 도시에 의존적이게 만든 것과 마찬가지로 야만적 나라들과 반半야만적 나라들을 문명국들에, 농민 민족들을 부르주아 민족들에, 동양을 서양에 의존적이게 만들었다.

부르주아지는 생산수단, 소유, 주민 따위의 분산을 점점 더 없앤다. 부르주아지는 주민을 밀집시켰고, 생산수단을 집중시켰고, 소유를 소수 수중에 집적시켰다. 이로부터 나오는 필연적 여파는 정치적 중앙집권이었다. 이해관계, 법률, 정부, 관세 따위가 서로 다르며 고작해야 연계만 되어 있던 독립적인 지방들이 **하나의** 국민, **하나의** 정부, **하나의** 법률, **하나의** 전국적 계급 이해관계, **하나의** 관세선으로 한데 모였다.

부르주아지는 백 년도 채 안 되는 자신들 계급지배 기간 동안, 과거의 모든 세대를 합친 것보다 더 많고 더 거대한 생산력을 창조했다. 자연력 정복, 기계류, 공업과 농경에 대한 화학의

응용, 기선 항해, 철도, 전신, 전 대륙의 개간, 하천을 운하로 만들기, 모두 땅 밑에서 솟아난 듯한 인구. 이와 같은 생산력들이 사회적 노동의 무릎 위에서 졸고 있었다는 것을 이전의 어느 세기가 알아챘단 말인가.

이리하여 우리는 다음의 사실을 알게 되었다. 부르주아지가 양성된 기초였던 생산수단들과 교류수단들은 봉건사회 안에서 태어났다. 이 생산수단들과 교류수단들의 특정 발전 단계에 이르러, 봉건사회가 생산하고 교역했을 때의 무대였던 관계들, 농업과 제조업의 봉건적 조직, 한마디로 봉건적 소유관계들은 이미 발전해 버린 생산력들에 더 이상 걸맞지 않게 되었다. 이 봉건적 소유관계들은 생산을 촉진하는 대신에 저지했다.[18] 그것들은 그만큼 많은 수의 족쇄로 바뀌어 버렸다. 그것들은 폭파되어야 했고 폭파되었다.

봉건적 소유관계들 자리에 자유경쟁이 들어섰으니, 그에 걸맞은 사회적, 정치적 기구와 함께, 부르주아계급의 경제적, 정치적 지배와 함께 들어섰다.

우리 눈앞에서 이와 비슷한 운동이 일어나고 있다. 부르주아적 생산관계들과 교류관계들, 부르주아적 소유관계들, 즉 마법을 써서 그토록 강력한 생산수단과 교류수단을 불러냈던 현대 부르주아사회는 주문을 외워 불러냈던 지하 세계의 힘에 더 이상 군림할 수 없게 된 마법사와 같다.[19] 지난 수십 년 이래로 공업과 상업의 역사는 현대의 생산력들이 현대의 생산관계들에 대해, 부르주아지와 그들 지배의 생활 조건들인 그 소유관계들에 대해 일으킨 반란의 역사일 뿐이다. 주기적으로 재발하며 점점 더 위협적으로 부르주아사회 전체의 존재를 문제 삼는 상업 공황을 언급하는 것으로 충분하다. 상업공황 때에는 제조된 생산물들뿐만 아니라 이미 있는 생산력들까지도 으레 태반이 절멸된다. 공황 때에는, 이전의 모든 시기에는 어불성설로 보였을 하나의 사회적 전염병[20]이 돌발한다. 과잉생산이라는 전염병이 그것이다. 사회는 갑자기 순간적인 야만 상태로 되돌아가며, 기아와 전면적 섬멸전[21]으로 인해 사회에 모든 생활수단이 보급되는 것이 차단된 것처럼 보이며, 공업과 상업이 절멸된 것처럼 보인다. 왜 그런가? 사회에 너무 많은 문명, 너무 많은 생활수단, 너무 많은 공업, 너무 많은 상업 따위가 있기 때문이다. 사회의 처분에 맡겨져 있는 생산력들은 더 이상 부르주아적 소유관계들[22]의 촉진에 봉사하지 않는다. 생산력들은 이 관계들이 감당하기에는 너무 강력해져 있으며, 반대로 이 관계들에게 방해를 받는다. 생산력들은 이 방해를 극복하자마자 부르주아사회 전체를 무질서로 끌고 가며 부르주아적 소유의 존재를 위태롭게 한다. 부르주아적 관계들은 그 자신이 만들어낸 부를 포용하기에는 너무 좁은 것이 되어 버렸다. 부르주아지는 무엇을 통해 이 공황들을 극복하는가? 한편으로는 대량의 생산력들을 부득이 절멸함으로써, 다른 한편으로는 새로운 시장들을 획득하고 옛 시장을 더욱 철저히 착취함으로써. 그렇다면 무엇을 통해서라고? 더 전면적이고 더 강력한 공황들을 준비하고 그 공황들을 예방할 수단을 감소시킴으로써.

부르주아지가 봉건주의를 때려눕힐 때 쓴 무기들이 지금은 부르주아지 자신에게 겨눠져 있다.

하지만 부르주아지는 자신에게 죽음을 가져오는 무기들을 벼려 냈을 뿐만이 아니라, 이 무기들을 지니게 될 사람들도 낳았다. 현대 노동자들[23], **프롤레타리아들**을.

부르주아지, 다시 말해 자본이 발전하는 것과 같은 정도로 프롤레타리아트, 즉 현대 노동자의 계급은 발전하는데, 이들은 일자리를 찾는 한에서만 살 수 있고 또 자신들 노동이 자본을 증식하는 한에서만 일자리를 찾게 된다. 자신을 조각내 판매해야만 하는 이 노동자들은 다른 모든 거래품처럼 하나의 상품이며, 따라서 상품과 똑같이 경쟁의 모든 부침, 시장의 모든 변동에 내맡겨져 있다.

프롤레타리아의 노동은 기계류 확산과 분업으로 말미암아 모든 자립적 성격을, 따라서 노동자에게 주는 모든 매력을 상실했다. 프롤레타리아는 가장 단순하고 가장 단조롭고 가장 쉽게 배울 수 있는 손동작만 요구받는 그저 기계 부속품인 것이 된다. 그러므로 노동자가 발생시키는 비용은 거의, 자신을 유지하고 자신의 종족을 번식시키기 위해 필요한 생활수단으로 제한될 뿐이다. 그런데 상품의 가격은, 따라서 노동의 가격[24] 또한 그것의 생산비와 같다. 그리하여 노동의 혐오스러움이 커지는 것과 같은 정도로 임금은 줄어든다. 그뿐 아니라 기계류와 분업이 증대되는 것과 같은 정도로, 노동시간의 증가 때문이든 주어진 시간 내에 요구되는 노동의 증가와 기계의 빨라진 운전 등등 때문이든 노동의 양[25] 또한 증대된다.

현대 공업은 가부장제적 장인의 작은 작업실을 산업자본가의 거대한 공장으로 바꾸어 놓았다. 공장에 한데 모인 노동자 대중은 군대식으로 조직된다. 그들은 산업 사병으로서, 하사관들과 장교들로 이루어진 완전한 위계제의 감시 아래 놓인다. 그들은 부르주아계급, 부르주아국가의 노예일 뿐만 아니라, 날마다 시간마다 기계에 의해, 감독에 의해, 그리고 무엇보다도 공장을 운영하는 개별 부르주아 자체에 의해 노예화된다. 이 전제정치는 영리가 그 목적[26]이라고 공공연하게 선포하면 할수록, 더욱더 좀스럽고 증오스럽고 잔인한 것으로 된다.

손노동이 숙련과 힘의 과시를 덜 요구할수록, 다시 말해 현대 공업이 발전할수록, 그만큼 남성 노동은 여성 노동[27]에게 밀려난다. 성별과 연령의 차이는 노동자계급에게 더 이상 어떠한 사회적 효력도 없다. 기껏해야 연령과 성별에 따라 서로 다른 비용이 드는 노동 도구들이 있을 뿐이다.

공장주의 노동자 착취가 끝나서 노동자가 자신의 임금을 현금으로 지불받기에 이르면, 부르주아지의 다른 부분들이 노동자에게 엄습하는데, 집주인, 소매상인, 전당포 운영자 등등이 그런 사람들이다.

이제까지의 소중간신분들[28], 즉 소산업가들, 소상인들과 소금리생활자들[29], 수공업자들과 농민들 따위의 이 모든 계급이 프롤레타리아트로 추락하는데, 이는 부분적으로는 그들의 소자본이 대공업의 경영에 충분하지 않아 더 큰 자본가들과의 경쟁에서 이길 수 없기 때문이며, 부분적으로는 그들의 숙련이 새로운 생산방식들에 의해 무가치하게 되기 때문이다. 이리하여 프롤레타리아트는 모든 계급의 주민으로부터 충원된다.

프롤레타리아트는 여러 발전 단계를 경과한다. 부르주아지에 대항하는 그들의 투쟁은 그들의 존재와 더불어 시작된다.

처음에는 개별 노동자들이, 그 다음에는 한 공장의 노동자들이, 그 다음에는 한 지역에 있는 한 노동 부문의 노동자들이 자신들을 직접 착취하는 개별 부르주아에 대항하여 투쟁한다. 노동자들은 공격을 부르주아적 생산관계들에 가할 뿐만 아니라 생산도구들 자체에도 가하며[30], 경쟁하는 외국 상품들을 절멸하고 기계를 때려 부수고 공장에 불을 지르며[31], 중세 노동자의 몰락한 지위를 다시 획득하려 애쓴다.

이 단계에서 노동자들은 전국에 걸쳐 뿔뿔이 흩어져 있으며 경쟁으로 인해 산산조각 난 대중[32]을 이룬다. 노동자들의 대중적 결속은 아직은 그들 자신들 단결의 여파가 아니라 부르주아지의 단결의 여파인데, 부르주아지는 자기 자신의 정치적 목적을 달성하기 위하여 프롤레타리아트 전체를 가동하지 않을 수 없으며 또 아직 당분간은 그렇게 할 수도 있는 것이다. 따라서 이 단계에서 프롤레타리아들은 자기 적들과 싸우는 것이 아니라, 자기 적들의 적들, 즉 절대군주제의 잔재들, 토지소유자들, 비非산업 부르주아들, 소부르주아들과 싸우는 것이다. 역사적 운동 전체는 이렇듯 부르주아지의 손안에 집중되며, 그렇게 얻어진 각각의 승리는 모두 부르주아지의 승리다.

그러나 공업의 발전과 더불어 프롤레타리아트는 그저 증가하는 것만은 아니어서, 프롤레타리아트는 더 커다란 대중으로 한데 모이며 그 힘은 커지고 프롤레타리아트는 자신의 힘을 더 느끼게 된다. 기계류가 점점 더 노동의 차이를 지워 없애고 임금을 거의 모든 곳에서 똑같이 낮은 수준으로 떨어뜨리기 때문에, 프롤레타리아트 내부의 이해관계, 생활상의 처지는 더욱더 균등하게 된다. 부르주아들 상호간의 증대하는 경쟁과 그로부터 생겨나는 상업공황들은 노동자들 임금을 더욱 유동적으로 만들며, 더욱 급속하게 전개되며 그칠 줄 모르는 기계류 개선은 노동자들의 생활상 지위 전체를 더욱 불확실하게 만들며, 개별 노동자와 개별 부르주아 사이의 충돌은 두 계급의 충돌이라는 성격을 더욱 띠게 된다. 노동자들은 부르주아에 대항하는 연합체들[33]을 형성하는 일부터 시작하며, 자신들 임금을 고수하기 위해 함께 행동한다. 그들은 그때그때의 반란에 군수품을 보급하기 위하여 상설 연합체들까지 설립한다. 곳에 따라 투쟁은 폭동으로 터져 나온다.

때때로 노동자들은 승리하나 일시적일 뿐이다. 그들 투쟁들의 진정한 성과는 직접적인 성공이 아니라 노동자들이 점점 자신들을 포괄하며 단결하는 것이다. 그러한 단결은 교통수단이 증대하며 촉진되는데, 교통수단은 대공업이 산출하며 서로 다른 지방의 노동자들을 서로 연계해 준다. 그런데 어디서나 동일한 성격을 띠는 수많은 지방적 투쟁을 하나의 전국적 투쟁, 하나의 계급투쟁으로 집중할 수 있기 위해서는 그저 연계만으로도 충분하다. 그런데 계급투쟁 하나하나는 정치투쟁이다. 그리고 지방 도로를 갖춘 중세 시민들에게는 단결을 위해 몇 세기가 필요했다면, 철도를 갖추고 있는 현대 프롤레타리아들은 몇 년 만에 단결을 이룩한다.

프롤레타리아들의 계급으로의, 또 따라서 정당으로의 이 조직화는 노동자 자신들 사이의 경쟁 때문에 매번 다시 파괴된다.

그러나 이 조직화는 언제나 다시, 더 강하게, 더 견고하게, 더 힘 있게 일어난다. 이 조직화는 부르주아지 자신들 사이의 분열을 이용하여 노동자들의 개별적 이해관계들을 법률 형태로 인정하도록 강제한다. 그런 일로는 영국의 10시간법이 있다.[34]

낡은 사회 내부의 충돌들은 무릇 프롤레타리아트의 발전 과정을 다양하게 촉진한다. 부르주아지는 끊임없이 투쟁 상태에 있다. 부르주아지는 처음에는 귀족과 투쟁하다가, 이후에는 부르주아지 자체 가운데 공업의 진보와 모순되는 이해관계를 지닌 부분들과 투쟁하며, 항상적으로는 모든 해외의 부르주아지와 투쟁한다. 이 모든 투쟁에서 부르주아지는 프롤레타리아트에게 호소하고 그들의 도움을 청하며, 그리하여 그들을 정치운동에 끌어들이지 않으면 안 된다는 것을 알게 된다. 따라서 부르주아지 자신이 프롤레타리아트에게 부르주아지 자신의 교양 요소들[35]을, 다시 말해 부르주아지 자신에게 대항하는 무기들을 제공한다.

나아가 우리가 본 바와 같이, 산업의 진보로 지배계급의 대다수 성분이 프롤레타리아트로 내동댕이쳐지거나, 적어도 생활 조건들에 있어서는 위협받는다. 그들 또한 프롤레타리아트에게 대량의 교양 요소들[36]을 제공한다.

계급투쟁이 결전에 가까워지는 시기에는 끝내 지배계급 내부의, 낡은 사회 전체 내부의 해체 과정이 너무나 격렬하고 너무나 날카로운 성격을 띠게 됨에 따라, 지배계급의 한 작은 부분이 지배계급으로부터 떨어져 나와서는 혁명적 계급, 즉 미래를 손안에 쥐고 있는 계급과 한편이 된다. 그리하여 예전에 귀족의 일부가 부르주아지에게로 넘어갔던 것처럼, 지금은 부르주아지의 일부, 그리고 특히 역사적 운동 전체를 이론적으로 이해하는 데 힘겹게 도달한 부르주아 이데올로그의 일부가 프롤레타리아트에게로 넘어간다.

오늘날 부르주아지에 대항하고 있는 모든 계급 가운데 프롤레타리아트만이 참으로 혁명적인 계급이다. 그 밖의 계급들은 대공업과 더불어 쇠퇴하고 몰락하며, 프롤레타리아트가 대공업의 가장 고유한 산물이다.

중간신분들[37], 즉 소산업가, 소상인, 수공업자, 농민 따위 이들 모두는 중간신분으로서의 자기 존재가 몰락하지 않도록 부르주아지와 싸운다. 따라서 그들은 혁명적인 것이 아니라 보수적이다. 더군다나 그들은 반동적이며 역사의 수레바퀴를 뒤로 돌리려 애쓴다. 그들이 혁명적이라면, 그것은 그들이 자신들이 프롤레타리아트로 이행하는 것이 임박했음을 목도한다는 것이며, 자신들의 현재의 이해관계가 아니라 자신들의 미래의 이해관계를 옹호한다는 것이며, 프롤레타리아트의 관점에 서기 위하여 그들 자신의 관점을 포기한다는 것이다.

룸펜프롤레타리아트[38], 낡은 사회 최하층의 이 수동적 부패물은 프롤레타리아혁명에 의해 때때로 운동에 끌려드는 일도 있지만, 생활상의 처지 전체로 볼 때 반동적 음모에 매수되는 것에 더 마음이 끌린다.

낡은 사회의 생활 조건들은 프롤레타리아트의 생활 조건들 속에서는 이미 절멸되어 있다. 프롤레타리아는 무소유다. 그가 아내 및 자식들과 맺는 관계에는 부르주아적 가족 관계와 공통

점이 더 이상 없다. 현대의 공업 노동, 즉 자본 아래로의 현대의 예속은 프랑스에서처럼 영국에서도, 독일에서처럼 아메리카에서도, 프롤레타리아에게서 모든 국민적 속성을 빼앗아 버렸다. 법률, 도덕, 종교 따위는 프롤레타리아에게는 그 뒤에 숨겨진 많은 부르주아적 이해관계의 수만큼 많은 수의 부르주아적 편견이다.

지배권을 획득한 이전의 모든 계급은 사회 전체를 자신들 영리 활동의 조건들 아래에 놓음으로써, 이미 획득한 자신들의 생활상의 지위를 보장하려 애썼다. 프롤레타리아들은 자기 자신의 이제까지의 취득 방식을, 또한 따라서 이제까지의 취득 방식 전체를 철폐함으로써 사회적 생산력들을 획득할 수 있을 뿐이다. 프롤레타리아들에게는 지켜야 할 자신의 것이라고는 없으며, 그들은 이제까지의 모든 사적 안녕과 사적 보장[39]을 파괴해야만 한다.

이제까지의 모든 운동[40]은 소수의 운동이었거나 소수의 이해관계에 따른 운동이었다. 프롤레타리아운동은 엄청난 다수의 이해관계에 따른 엄청난 다수의 자립적인[41] 운동이다. 지금 사회 최하층인 프롤레타리아트는 공적 사회를 이루는 층들의 상부구조물 전체를 공중으로 날려 버리지 않고서는 몸을 일으킬 수도 없고 똑바로 설 수도 없다.

내용상으로는 그렇지 않다 해도 형태상으로는, 부르주아지에 대항하는 프롤레타리아트의 투쟁은 처음에는 일국적이다. 각국의 프롤레타리아트는 당연히 맨 먼저 그들 자신의 부르주아지와 끝장을 봐야 한다.

우리는 프롤레타리아트 발전의 가장 일반적인 국면들을 그려 보임으로써, 현존 사회 내부의 많건 적건 숨겨진 내전이 하나의 공공연한 혁명으로 터져 나오고 프롤레타리아트가 부르주아지를 폭력적으로 전복하여 자신의 지배권의 기초를 세우는 지점까지 그 내전을 추적했다.

이제까지의 모든 사회는 우리가 본 바와 같이 억압계급과 피억압계급의 대립에 근거를 두었다. 그런데 어떤 계급을 억압할 수 있기 위해서는 그 피억압계급에게 적어도 노예적 존재를 이어갈 수 있는 조건들이 보장되어 있어야 한다. 농노는 농노 신분으로 꼬뮌 성원에 어렵사리 접근해 갔으며, 소부르주아는 봉건 절대주의의 멍에 아래에서 부르주아에 어렵사리 접근해 갔다. 그와는 반대로 현대 노동자는 공업의 진보와 함께 떠오르는 대신에 자기 계급의 조건들 이하로 점점 더 깊이 가라앉고 있다. 노동자는 빈민이 되며, 빈궁은 인구와 부보다 훨씬 더 빠르게 발전한다. 이로써 명백히 드러나는 것은 부르주아지에게는 더는 사회의 지배계급으로 머물 능력이 없으며 자기 계급의 생활 조건들을 사회에 규제적 법칙으로 강요할 능력이 없다는 것이다. 부르주아지가 지배할 능력이 없는 까닭은 자신의 노예들에게 노예 상태 내부에서의 생존조차 보장해 줄 능력이 없기 때문이며, 노예들이 자신들을 부양하는 대신에 자신들이 노예들을 부양해야 하는 그런 처지에 노예들을 빠뜨리지 않을 수 없기 때문이다. 사회는 더 이상 부르주아지 밑에서 생활할 수 없으니, 다시 말하면 부르주아지의 생활은 더 이상 사회와 양립할 수 없는 것이다.

부르주아계급의 존재와 지배를 위한 본질적 조건은 사인私人 수중으로의 부의 누적[42], 자본의 형성과 증식이며, 자본의 조건은 임금노동이다. 임금노동은 전적으로 노동자들 상호간의 경쟁에 의거해 있다. 부르주아지가 무의지와 무저항의 담당자인 공업의 진보는 경쟁을 통한 노동자들의 고립화 자리에 연합체를 통한 노동자들의 혁명적 단결을 앉혀 놓는다. 이리하여 대공업의 발전과 더불어, 부르주아지가 생산하며 생산물들을 취득하는 기초 자체가 부르주아지 발밑에서 빠져나간다. 부르주아지는 무엇보다도 자기 자신의 무덤을 파는 사람들을 생산한다. 부르주아지의 몰락과 프롤레타리아트의 승리는 똑같이 불가피하다.

II
프롤레타리아와 공산주의자들

공산주의자들은 프롤레타리아와 무릇 어떠한 관계에 있는가?

공산주의자들은 결코 다른 노동자당들과 대립하는 특수한 당이 아니다.

그들에게는 결코 프롤레타리아트 전체의 이해관계로부터 분리된 이해관계가 없다.

그들은 결코 특수한[43] 원리들을 세워 거기에 따라 프롤레타리아운동을 짜 맞추고자 하지 않는다.

공산주의자들이 그 밖의 프롤레타리아당들과 구별되는 것은 한편으로는 프롤레타리아의 다양한 일국적 투쟁에서 전체 프롤레타리아트의 국적으로부터 독립적인 공동의 이해관계를 내세우고 주장한다는 점과 다른 한편으로는 프롤레타리아트와 부르주아지 사이의 투쟁이 경과하는 다양한 발전 단계에서 항상 전체 운동의 이해관계를 대변한다는 점뿐이다.

따라서 공산주의자들은 실천적으로는 만국의 노동자당들 가운데 가장 단호하고[44] 언제나 더 멀리 밀고 나가는 부분이며, 이론적으로는 그 밖의 프롤레타리아트 대중에 비해 프롤레타리아운동의 조건, 행보, 일반적 결과 따위에 대한 통찰에서 앞선다.

공산주의자들의 당면 목적은 그 밖의 모든 프롤레타리아당의 당면 목적과 똑같다. 프롤레타리아트의 계급으로의 형성, 부르주아지 지배의 전복, 프롤레타리아트에 의한 정치권력 전취가 그것이다.

공산주의자들의 이론적 명제들은 결코 이러저러한 세계 개량가들이 발명하거나 발견한 이념들에, 원리들에 의거하고 있지 않다.

공산주의자들의 이론적 명제들은 다만 존재하고 있는 계급투쟁의, 우리 눈앞에서 일어나고 있는 역사적 운동의 사실적 관계의 일반적 표현일 뿐이다. 이제까지의 소유관계들의 철폐는 공산주의를 독특하게 특징짓는 것이 아니다.

모든 소유관계는 끊임없는 역사적 교체에, 끊임없는 역사적 변화에 놓여 있어 왔다.[45]

예를 들면 프랑스혁명은 부르주아적 소유를 위해 봉건적 소유를 철폐했다.

공산주의를 남김없이 설명하는 것은 무릇 소유라는 것의 철폐가 아니라 부르주아적 소유의 철폐.

그러나 현대의 부르주아적 사적 소유는 계급 대립에, 즉 일부에 의한 다른 일부의 착취[46]에 의거하는 생산물의 산출 및 취득의 최후이자 가장 완성된 표현이다.

이러한 의미에서 공산주의자들은 자신들 이론을 하나의 표현으로 개괄할 수 있으니, 사적 소유 폐지가 그것이다.

사람들은 몸소 벌어들인, 스스로 노동하여 얻은 소유, 모든 인격적 자유, 활동, 자립성 따위의 기초를 이루는 소유를 우리가 철폐하고자 한다며 우리 공산주의자들을 비난해 왔다.

노동하여 얻고 벌어들이고 스스로 얻은 소유! 너희들은 부르주아적 소유에 선행했던 소부르주아적[47], 소농민적 소유에 대해 말하는 것인가? 우리는 그러한 소유를 철폐할 필요가 전혀 없으니, 공업의 발전이 그것을 철폐했고 또 나날이 철폐하고 있다.

아니면 너희들은 현대의 부르주아적 사적 소유에 대해 말하는 것인가?

그런데 임금노동, 프롤레타리아의 노동이 프롤레타리아에게 소유를 창조해 주는가? 전혀 그렇지 않다. 그 노동은 자본을 창조하며, 다시 말하면 임금노동을 착취하는 소유, 새로운 자본으로 착취하기 위하여 새로운 임금노동을 산출한다는 조건에서만 증식할 수 있는 소유를 창조한다. 소유는 오늘날 모습으로 보자면 자본과 임금노동의 대립 속에서 운동한다. 이 대립의 양 측

면을 고찰하기로 하자.

자본가라 함은 생산에서 순수한 인격적 지위뿐만 아니라 하나의 사회적인 지위를 차지함을 의미한다. 자본은 공동의 생산물이며, 많은 성원의 공동 활동에 의해서만, 사실 결국은 사회 모든 성원의 공동 활동에 의해서만 가동될 수 있다.

자본은 이와 같이 결코 인격적 힘이 아니라 하나의 사회적 힘이다.

따라서 자본이 사회 모든 성원에게 속하는 공동의 소유로 변한다면, 그것은 일신상의 소유가 사회적 소유로 변하는 것이 아니다. 그저 소유의 사회적 성격이 변할 뿐이다. 소유의 사회적 성격이 그 계급적 성격을 상실하는 것이다.

임금노동으로 가 보자.

임금노동의 평균가격[24]은 임금의 최소치, 다시 말해 노동자를 노동자로서 먹여 살리기 위하여 필요한 생활수단에 해당하는 금액이다. 따라서 임금노동자가 자신의 활동을 통하여 취득하는 것이란 다시 자신의 헐벗은 삶을 산출하는 데에나 족할 뿐이다. 우리는 직접적 생활을 다시 산출하기 위해 이처럼 노동 생산물들을 일신상으로 취득하는 것, 즉 타인의 노동에 대한 지배력을 가져다줄 수 있는 순수익을 조금도 남기지 않고 취득하는 것은 결코 철폐하고자 하지 않는다. 우리는 다만 이렇게 취득할 때 나타나는 비참한 성격을 폐지하고자 할 뿐이니, 그렇게 취득하면서 노동자는 자본을 증식시키기 위해서만 생활하며 지배계급의 이해관계가 요구하는 한에서만 생활하는 것이다.

부르주아사회에서는 산 노동은 축적된 노동을 증식시키는

수단일 뿐이다. 공산주의사회에서는 축적된 노동은 노동자들의 생활 과정을 확장하고 풍요롭게 하며 장려하는 수단일 뿐이다.

따라서 부르주아사회에서는 과거가 현재를 지배하며, 공산주의사회에서는 현재가 과거를 지배한다. 부르주아사회에서는 자본이 자립적이며 인격적인 반면에 활동적인 개인은 비자립적이며 비인격적이다.

그런데 이러한 관계들의 폐지를 부르주아지는 인격과 자유의 폐지라고 부른다! 일리가 있다. 물론 문제가 되는 것은 부르주아적 인격, 부르주아적 자립성, 부르주아적 자유 따위의 폐지에 관한 것이다.

자유란, 오늘날 부르주아적 생산관계들 내부에서 사람들에게 자유로운 상업, 자유로운 판매와 구매를 의미한다.

그러나 거래가 없어지면 자유로운 거래도 없어진다. 자유에 관한 우리 부르주아지의 그 밖의 모든 허풍이 그렇듯, 자유로운 거래에 관한 상투어들은 묶여 있던 거래나 머슴살이를 하던 중세 시민에게만은 무릇 어떤 의미가 있지만, 거래, 부르주아적 생산관계들, 부르주아지 자체 따위의 공산주의적 폐지에 대해서는 의미가 없다.

너희들은 우리가 사적 소유를 폐지하려 한다고 기겁을 하고 있다. 그러나 너희들의 현존 사회에는 그 사회 성원의 십 분의 구에게 사적 소유가 폐지되어 있으며, 사적 소유[48]는 오로지 이들 십 분의 구에게 사적 소유가 존재하지 않기 때문에 존재한다. 따라서 너희들은 우리가 사회의 압도적 다수의 무소유를 필수 조건으로 전제하는 소유를 폐지하고자 한다고 우리를 비난하고 있는 것이다.

한마디로 너희들은 우리가 너희들의 소유를 폐지하고자 한다고 우리를 비난한다. 물론 우리는 그렇게 하고자 한다.

노동이 더는 자본, 화폐, 지대로, 간단히 말해서 독점 가능한 사회적 힘으로 바뀔 수 없게 되는 순간부터, 다시 말해 일신상의 소유가 더 이상 부르주아적 소유로[49] 바뀔 수 없게 되는 순간부터 인격이 폐지된다고 너희들은 천명한다.

따라서 너희들에게 인격이란 부르주아, 부르주아적 소유자 말고는 그 누구도 의미하지 않는다고 실토하는 것이다. 그런데 그러한 인격은 마땅히 폐지되어야[50] 할지어다.

공산주의는 사회적 생산물들을 취득할 힘을 그 누구로부터도 빼앗지 않으며, 다만 이렇게 취득함으로써 타인의 노동을 자신에게 예속시키는 힘을 빼앗을 뿐이다.

사적 소유 폐지와 더불어 모든 활동이 멈추고 전반적인 게으름이 만연하게 될 것이라는 항변이 있어 왔다.

그런 항변에 따른다면, 부르주아사회는 오래 전에 태만 때문에 망하지 않으면 안 되었을 것이니, 그 사회에서 노동하는 **자들**은 벌고 있지 않으며 그 사회에서 버는 **자들**은 노동하고 있지 않기 때문이다. 그러한 모든 의심은 자본이 더 이상 존재하지 않게 되자마자 임금노동도 더 이상 존재하지 않게 된다는 동어반복으로 귀착된다.

물질적 생산물들의 공산주의적 취득 방식과 생산방식을 겨누어 이루어지는 모든 반박은 정신적 생산물들의 취득과 생산에까지 마찬가지로 확장되어 있다. 부르주아에게는 계급적 소

유의 중지가 생산 그 자체의 중지이듯이 계급적 교양[51]의 중지
가 무릇 교양이라는 것의 중지와 같은 것이다.

그들이 잃어버렸다고 기분 나빠할 그 교양이란 압도적 다수
에게는 기계에 맞추는 양성이다.

그러나 자유니 교양이니 법이니 하는 따위에 대한 너희들 부
르주아적 관념에 맞추어 부르주아적 소유의 철폐[52]를 가늠하며
우리와 다투지 말라. 너희들 이념 자체는 부르주아적 생산관계
들과 소유관계들의 산물이며, 이는 너희들의 법이란 것이 너희
네 계급의 물질적 생활 조건들 속에 그 내용이 주어진[53] 너희네
계급의 의지를 법률로 끌어 올린 것에 불과한 것과 마찬가지다.

너희들이 몰락한 모든 지배계급과 공유하고 있는 것이 있으
니, 그것은 이해관계에서 나오는 표상, 즉 자신들의 생산관계들
과 소유관계들을 역사적인 관계들, 즉 생산이 경과하며 거쳐 가
는 일시적인 관계들에서 영원한 자연법칙과 이성법칙으로 바
꾸어 놓는 식의 표상이다.[54] 너희들은 고대적 소유에 대하여 너
희들이 파악한 것, 봉건적 소유에 대하여 너희들이 파악한 것을
부르주아적 소유에 대하여는 더 이상 파악하지 말지어다.

가족 폐지! 초급진주의자들이라 해도 공산주의자들의 이 파
렴치한 계획에 대해서는 격분한다.

현재의 가족, 부르주아적 가족은 무엇에 근거하고 있는가?
자본에, 사적 영리에. 가족은 부르주아지에게만 완전히 발전된
형태로 존재하며, 그 보완물은 프롤레타리아들이 어쩔 수 없이
가족 없이 지내는 것과 공창公娼이다.

부르주아들의 가족은 당연히 이러한 자신의 보완물이 사라

질 때 함께 사라지며, 또 이 두 가지는 자본이 없어질 때 함께 없어진다.

너희들은 우리가 부모가 어린이를 착취하는 것을 없애려 한다고 우리를 비난하는가? 이 죄는 우리가 실토한다.

그러나 너희들은 우리가 가정교육 자리에 사회교육을 앉혀 놓음으로써 가장 흥허물 없는 관계들을 없앤다고 말한다.

그런데 너희들 교육 또한 사회가 규정하지 않는가? 너희들이 교육하는 무대인 사회적 관계들이, 학교 등등을 매개로 한 사회의 직접적이거나 간접적인 간섭이 너희들 교육을 규정하지 않는가? 공산주의자들은 교육에 대한 사회의 작용을 발명하지 않는다. 다만 그 작용의 성격을 변화시킬 뿐이며, 교육을 지배계급의 영향으로부터 떼 낼 뿐이다.

대공업으로 인해 프롤레타리아들의 모든 가족적 유대가 가리가리 찢길수록, 어린이들이 단순한 거래품이나 노동 도구들로 바뀌어 버릴수록, 가족이나 교육에 관한, 부모와 자식의 흥허물 없는 관계 따위에 관한 부르주아적 상투어들은 더욱더 구역질나는 것으로 된다.

그러나 너희네 공산주의자들은 부인 공유제를 도입하려 한다고, 부르주아지 전체가 한 목소리로 우리를 겨누어 외친다.

부르주아는 자신의 아내를 그저 생산도구인 것으로 본다. 부르주아는 생산도구들이 공동으로 이용되어야 한다는 말을 듣고 있으니, 부인들도 똑같이 이 공동 이용이라는 신세에 처할 것이라고 생각하는 것 말고는 달리 생각할 수 없는 것은 당연하다.

부르주아는 문제가 되는 것은 바로 그저 생산도구들인 것으로서의 부인의 지위를 폐지하는 것에 관한 것임을 알아채지 못하고 있다.

덧붙인다면, 공산주의자들의 공식적인 부인 공유제라 통칭되는 것에 대한 우리 부르주아들의 고결한 도덕적 기겁만큼 웃기는 것은 없다. 공산주의자들은 부인 공유제를 도입할 필요가 없으니, 부인 공유제는 거의 언제나 존재해 온 것이다.

우리 부르주아들은 공식적인 매춘은 말할 것도 없거니와 자신들 프롤레타리아들의 아내와 딸들을 자신들 뜻대로 하는 데 만족하지 않고, 자신들 아내들을 서로 유혹하는 것에서 주된 쾌락을 찾고 있다.

부르주아적 결혼이 사실상 아내 공유제다. 기껏해야, 위선적으로 숨겨진 부인 공유제 자리에 공식적이고 숨김없는 부인 공유제를 도입하고자 한다고 공산주의자들을 비난할 수 있을 뿐이다. 어쨌든 지금의 생산관계들의 폐지와 더불어 그 생산관계들에서 비롯된 부인 공유제, 다시 말해 공식 매춘과 비공식 매춘 역시 사라질 것임은 자명하다.

나아가 공산주의자들은 조국을, 국적을 없애려 한다고 비난받고 있다.

노동자들에게는 조국이 없다. 그들에게 없는 것을 그들로부터 빼앗을 수는 없다. 프롤레타리아트는 우선 정치적 지배권을 얻고 국민적 계급[55]으로 올라서고 스스로를 국민으로서 정립해야 하기 때문에, 비록 부르주아지가 생각하는 의미에서는 절대로 아닐지라도 아직은 그 자체가 국민적이다.

인민이 국민으로 분리되어 대립하는 일은 부르주아지의 발전과 더불어, 상업의 자유 및 세계시장과 더불어, 천편일률적인 공업 생산 및 그에 걸맞게 천편일률적인 생활 관계들과 더불어 이미 점점 사라지고 있다.

프롤레타리아트의 지배는 이러한 분리와 대립을 점점 더 사라지게 할 것이다. 단결된 행동, 적어도 문명국들 내에서의 단결된 행동은 프롤레타리아트 해방의 첫째 조건의 하나다.

한 개인에 의한 다른 개인의 착취가 폐지되는 것과 같은 정도로 한 국가에 의한 다른 국가의 착취도 폐지된다.

국가 내부[56]에서 계급들의 대립이 없어짐과 아울러 국가들 서로 사이의 적대적 입장도 없어진다.

종교적, 철학적, 이데올로기적 관점에서 무릇 제기되는 공산주의에 대한 비난은 더 이상 자세하게 논구할 가치가 없다.

인간들의 생활 관계[57], 그들의 사회적 연관, 그들의 사회생활 따위와 더불어 그들의 관념, 견해, 개념, 한마디로 그들의 의식 또한 바뀐다는 것을 파악하는 데에 더 깊은 통찰이 필요하단 말인가?

이념의 역사가 증명하는 것은 정신적 생산이 물질적 생산과 더불어 변화된다는 것 말고 달리 무엇인가? 한 시대의 지배적 이념은 항상 지배계급의 이념이었을 뿐이다.

사람들은 한 사회 전체에 혁명을 일으키는 이념에 대해 말하는데, 그럼으로써 낡은 사회 내부에서 새로운 사회의 요소들이 형성되었다는 사실, 낡은 생활 조건들의 해체와 보조를 맞추어 낡은 이념의 해체가 일어난다는 사실을 표현하고 있을 뿐이다.

고대 세계가 몰락하고 있을 때, 고대 종교들은 기독교에게 정복되었다. 기독 이념이 18세기에 계몽 이념[58]에게 압도당했을 때, 봉건사회는 당시에는 혁명적이었던 부르주아지와 목숨을 건 투쟁을 치렀다. 양심의 자유와 종교의 자유라는 이념은 다만 지식 영역[59]을 자유경쟁이 지배하고 있음을 표현할 뿐이었다.

사람들은 이렇게 말할 것이다. "그러나 종교 이념, 도덕 이념, 철학 이념, 정치 이념, 법 이념 등등[60]은 역사 발전 과정에서 물론 변화되어 오긴 했다. 그래도 종교, 도덕, 철학, 정치[61], 법은 이러한 변천 속에서도 항상 유지되었다.

그럴 뿐만 아니라 자유, 정의 등등과 같이 모든 사회 상태에 공통되는 영원한 진리들이 있다. 그런데 공산주의는 이 영원한 진리들을 없애고, 종교와 도덕이 새로운 꼴을 갖추게 하는 대신에 그것들을 없애며, 따라서 공산주의는 이제까지의 모든 역사 발전과 모순된다."

이러한 비난은 무엇으로 귀착되는가? 이제까지의 모든 사회의 역사는 계급 대립 속에서 운동했고 이러한 대립들은 각 시대마다 각기 다른 모습을 띠었다는 것이다.

그러나 그 계급대립이 어떤 형태를 취하든, 사회의 일부에 의한 다른 일부의 착취는 지나간 모든 세기에 공통된 사실이다. 그러므로 모든 세기의 사회적 의식이 그 모든 잡다함과 다양성에도 불구하고 일정한 공통의 형태 안에서, 계급 대립이 모두 없어져야만 완전히 해체되는 의식 형태들[62] 안에서 운동한다는 것은 조금도 놀라운 일이 아니다.

공산주의혁명은 전래의 소유관계들과의 가장 근본적인 단절이므로, 공산주의혁명의 발전 과정에서 전래의 이념들과 가장 근본적으로 단절한다는 것은 놀랄 일이 아니다.

그렇지만 공산주의에 대한 부르주아지의 반박은 내버려두기로 하자.

우리는 이미 앞에서 노동자혁명의 첫걸음은 프롤레타리아트의 지배계급으로의 고양, 민주주의 쟁취라는 것을 보았다.

프롤레타리아트는 자신의 정치적 지배를 이용하여, 부르주아지에게서 차례차례 모든 자본을 빼앗고, 모든 생산도구를 국가 수중에, 다시 말해 지배계급으로 조직된 프롤레타리아트 수중에 집중시키며, 가능한 한 급속히 생산력들의 덩치를 키울 것이다.

이것은 물론 처음에는 소유권과 부르주아적 생산관계들에 대한 전제적専制的 침해를 통해서만, 따라서 경제적으로는 불충분하고 불안정하게 보일지 모르나 운동이 경과하면서 자기 자신을 뛰어넘게 되며[63] 생산방식 전체의 변혁을 위해 불가피한 수단으로 되는 그러한 조치들에 의해서만 일어날 수 있다.

이러한 조치들은 나라가 다양함에 따라 당연히 다양해질 것이다.

그렇다 해도 가장 진보한 나라들에는 아래와 같은 것들이 상당히 일반적으로 적용될 수 있을 것이다.

1. 토지소유를 몰수[64]하는 것과 지대를 국가재정으로 돌리는 것.

2. 강력한 누진세.[65]

3. 상속권 폐지.

4. 모든 망명자와 반역자 재산의 압류.

5. 국가자본과 배타적 독점권이 있는 국립은행을 통해 신용을 국가 수중으로 집중시키는 것.

6. 수송 제도[66]를 국가 수중으로 집중시키는 것.

7. 국영 공장과 국영 생산도구의 확대, 공동 계획에 따른 토지의 개간과 개량.

8. 모두에게 동등한 노동 강제, 산업 군대, 특히 농경을 위한 산업 군대의 설립.

9. 농업 경영과 공업 경영의 결합, 도시와 농촌의 차이[67]를 점차 제거하기 위한 노력.[68]

10. 모든 아동에 대한 무상공교육. 오늘날과 같은 형태의 아동 공장 노동 폐지. 교육과 물질적 생산의 결합, 등등.

발전 과정이 진전되면서 계급 차이들이 사라지고 모든 생산이 연합된 개인들[69] 수중에 집중되면, 공권력은 그 정치적 성격을 상실하게 될 것이다. 본래의 의미에서의 정치권력이란 어떤 계급이 다른 계급을 억압하기 위해 조직한 힘이다. 프롤레타리아트가 부르주아지에 대항하는 투쟁에서 필연적으로 계급으로 단결하고 혁명을 통해 스스로 지배계급이 되고 지배계급으로서 낡은 생산관계들을 폭력적으로 폐지하게 된다면, 프롤레타리아트는 이 생산관계들과 아울러 계급 대립의 존립 조건들과 무릇 계급이라는 것을 폐지하게 될 것이며, 그럼으로써 계급으로서의 자기 자신의 지배도 폐지하게 될 것이다.

계급과 계급 대립이 있었던 낡은 부르주아사회 자리에 각자의 자유로운 발전이 모두의 자유로운 발전의 조건이 되는 연합체가 들어선다.

Ⅲ
사회주의 문헌과 공산주의 문헌

1. 반동적 사회주의

a) 봉건적 사회주의

프랑스와 영국의 귀족들에게는, 자신들의 역사적 지위로 말미암아, 현대 부르주아사회에 대항하는 팸플릿을 집필할 소명이 있었다. 프랑스 1830년 7월혁명[70]에서, 영국 개혁운동[71]에서, 귀족들은 가증스러운 벼락 출세자들에게 또 한 번 사살당했던 것이다. 진지한 정치투쟁은 더 이상 논의될 수 없었다. 그들에게 남은 것은 문헌상의 투쟁뿐이다. 그러나 문헌 영역에서도 왕정복고 시대*의 낡은 상투어들은 불가능하게 되었다. 공감을 불러일으키기 위해, 귀족들은 겉으로는 자신들 이해관계는 시야에서 사라지고 오로지 피착취 노동자계급의 이해관계에 따라 부르주아지에 반대하는 기소장을 작성하는 척해야 했다. 그들은 그렇게 명예 회복을 준비했으니, 자신들의 새로운 지배자를 헐뜯는 노래를 불렀으며, 다소 섬뜩한 예언[73]을 그 지배자 귀에 대고 속삭일 필요가 있었다.

이런 식으로 성립한 것이 봉건적 사회주의였으니, 절반은 애도의 노래이고 절반은 비방하는 글이며, 절반은 과거에 대한 여

---

* 1660년에서 1689년의 영국 왕정복고 시대가 아니라 1814년에서 1830년의 프랑스 왕정복고 시대.[72] [1888년 영어판]

운이고 절반은 미래에 대한 위협이며, 때로는 신랄하고 기지 넘치고 마음을 찢어 놓는 비평으로 부르주아지의 폐부를 찌르다가도, 언제나 현대 역사의 행보를 파악하지 못하는 완전한 무능력 때문에 우스꽝스러운 꼴이 된다.

귀족들은 인민을 자신들 뒤에 끌어모으기 위해 프롤레타리아의 동냥자루를 깃발 삼아 손에 들고 흔들었다. 그러나 인민은 그들을 따라갈 때마다 그들 엉덩이에 새겨진 낡은 봉건적 문장紋章들을 알아보고는 불손한 폭소와 함께 흩어졌다.

프랑스 정통왕조파[74] 일부와 청년영국[75]이 이러한 구경거리를 가장 잘 보여 주었다.

봉건파가 자신들의 착취 방식이 부르주아적 착취와는 꼴이 다르다는 것을 증명한다면, 그들은 자신들이 지금은 낡은 것이 되어 버린 전혀 다른 상황과 조건 아래에서 착취했다는 점을 망각하고 있을 뿐이다. 그들이 자신들 지배 아래에서는 현대 프롤레타리아트가 존재하지 않았다는 것을 입증한다면, 그들은 현대 부르주아지야말로 자신들 사회질서의 필연적인 후예였다는 점을 망각하고 있을 뿐이다.

게다가 그들은 자신들 비판의 반동적 성격을 거의 감추지 않은 결과, 부르주아지에 대항하는 그들의 주된 비난이란 부르주아지 체제 아래서는 한 계급이 발전하여 그 계급이 낡은 사회질서 전체를 공중으로 날려 버릴 것이라는 데 있다.

봉건파는 부르주아지가 무릇 프롤레타리아트를 낳는다는 점보다는 혁명적 프롤레타리아트를 낳는다는 점에서 더욱 부르주아지를 비난하고 있다.

그러므로 그들은 정치적 실천에서는 노동자계급에 대한 모든 폭력적 조처에 참여하고 있으며, 일상생활에서는 자신들이 내뱉은 모든 부풀려진 언사에도 아랑곳하지 않고 마지못해, 황금 사과[76]를 주워 모으기로 결심하고, 또한 양모, 사탕무, 화주火酒를 폭리를 취하며 거래할 수 있는 권리를 얻기 위해 신의, 사랑, 명예를 내주기로 결심한다.*

성직자가 언제나 봉건파[77]와 손을 맞잡았던 것처럼, 성직자 사회주의도 봉건적 사회주의와 손을 맞잡는다.

기독교 금욕주의에 사회주의 색채를 가하는 것보다 더 쉬운 일도 없다. 기독교 역시 사적 소유, 결혼, 국가 따위에 극구 반대하지 않았던가? 그 자리에 자선과 구걸, 독신과 육욕 근절, 수도원 생활과 교회 따위를 두자고 설교하지 않았던가. 기독교 사회주의[78]는 성직자가 귀족의 분노에 봉헌하는 성수聖水일 뿐이다.

b) 소부르주아 사회주의

봉건 귀족은 부르주아지에게 전복되고 현대 부르주아사회에서 생활 조건이 위축되고 사멸되는 유일한 계급이 아니다. 중세 성외시민층과 소농민층은 현대 부르주아지의 선행자들이었다. 공업적으로나 상업적으로 발전이 뒤떨어진 나라들에서는 아직도

---

* 이것은 독일에 주로 해당되는 것인데, 거기서는 토지 귀족과 지방 유지들이 그 영지의 대부분을 자기 자신의 계정으로 관리인을 통해 경영하고 있으며, 게다가 그들은 대단위 사탕무 설탕 제조자이자 감자 주정의 증류업자다. 더 부유한 영국의 귀족들은 아직은 이보다 덜 쇠퇴했지만, 그들도 줄어들고 있는 지대를 다소 미심쩍지만 주식회사의 뜨내기 발기인들에게 자신들의 명의를 빌려 줌으로써 어떻게 보상할 수 있는지를 알고 있다. [1888년 영어판]

이 계급[79]이 대두하는 부르주아지 옆에서 근근이 살아가고 있다.

현대문명이 발전한 나라들에서는 새로운 소부르주아층이 형성되었는데, 이들은 프롤레타리아트와 부르주아지 사이를 떠다니며 부르주아사회를 보완하는 부분으로서 항상 새로 형성되고 있지만, 그 구성원들은 경쟁에 의해 계속해서 프롤레타리아트로 내팽개쳐지고 있으며, 대공업의 발전과 더불어 자신들이 현대사회의 독자적 부분으로서는 완전히 소멸되어 상업, 제조업, 농업에서 노동 감시자와 머슴들[80]로 대체되는 시점이 들이닥치고 있음을 보게 되기까지 한다.

농민 계급이 주민의 반을 훨씬 넘는 프랑스와 같은 나라들에서는, 부르주아지에 반대하여 프롤레타리아트의 편을 드는 저술가들이 부르주아지 체제 비판에다가 소부르주아적, 소농민적 잣대를 갖다 대고 소부르주아층[81]의 관점에서 노동자 편을 드는 것이 당연했다. 이렇게 형성된 것이 소부르주아 사회주의다. 시스몽디는 프랑스에서뿐만 아니라 영국에서도 이러한 문헌들의 우두머리다.

이 사회주의는 현대 생산관계들 속의 모순들을 매우 날카롭게 해부했다. 이 사회주의는 경제학자들의 위선적인 얼버무림들을 폭로했다. 이 사회주의는 기계류와 분업의 파괴적 작용, 자본과 토지 보유의 집적[82], 과잉생산, 공황, 소시민과 소농민의 필연적 몰락, 프롤레타리아트의 빈곤, 생산에서의 무정부 상태, 부의 분배에서의 극심한 불균형, 나라들 서로 사이의 산업 섬멸전, 낡은 예절과 낡은 가족 관계들과 낡은 국적의 해체 따위를 논박할 여지없이 입증했다.

그럼에도 불구하고 그 적극적 내용으로 보면, 이 사회주의는 낡은 생산수단들과 낡은 교류수단들을 재건하고자 하고 그와 함께 낡은 소유관계들과 낡은 사회를 재건하고자 하거나, 아니면 현대의 생산수단들과 교류수단들을 그것들에 의해 산산조각 났고 또 산산조각 날 수밖에 없었던 낡은 소유관계들의 틀 속에 억지로 다시 밀어 넣고자 한다. 두 경우 모두, 소부르주아 사회주의는 반동적이면서 유토피아적이기도 하다.

제조업에서의 쭌프트 제도와 농촌에서의 가부장제적 경제, 이것이 이 사회주의가 마지막으로 남긴 말이다.

한층 발전하면서 이 유파는 겁먹은 채 후회하며 꼬리를 감춰 버렸다.[83]

c) 독일 사회주의 또는 "진정한" 사회주의

지배하고 있는 부르주아의 억압 밑에서 생겨났고 그 지배에 대항한 투쟁의 문헌적 표현인 프랑스의 사회주의 문헌과 공산주의 문헌이 독일에 수입된 것은 부르주아지가 봉건 절대주의에 대항하는 투쟁을 막 시작하던 시기였다.

독일의 철학자들, 얼치기 철학자들, 재사才士들은 탐욕스럽게 이 문헌을 제 것으로 삼았으나, 다만 저 저술들이 프랑스에서 이민 올 적에 프랑스 생활 관계들도 함께 독일로 이민 온 것은 아니라는 점을 망각했을 뿐이다. 독일의 상태에 마주하자, 프랑스 문헌은 직접적으로 실천적인 의의를 모두 잃어버리고 순전히 문헌적인 외관을 띠었다. 그것은 인간 본질의 실현에 관한 한가한 사변[84]으로서 현상될 수밖에 없었다. 이리하여 18세기

독일 철학자들에게 제1차 프랑스혁명의 요구들은 "실천 이성" 일반의 요구들이라는 의미밖에 없었고, 독일 철학자들 눈에는 혁명적인 프랑스 부르주아지의 의지 표명이 순수 의지, 있어야만 하는 의지, 진정으로 인간적인 의지 따위의 법칙을 뜻했다.

독일 문필가들이 한결같이 했던 작업이란 새로운 프랑스 이념들을 자신들의 낡은 철학적 양심과 조화를 이루게 하거나 아니면 차라리 자신들의 철학적 관점에서 프랑스 이념들을 습득하는 것이다.

이와 같은 습득은 사람들이 무릇 외국어를 습득하는 것과 같은 방법으로, 즉 번역을 통해 일어났다.

수도사들이 어떻게 고대 이교도 시대의 고전적 저작들이 적혀 있는 수고手稿 위에 얼빠진 가톨릭 성도전聖徒傳이라고 썼는가는 잘 알려져 있는 사실이다.[85] 독일 문필가들은 세속적인 프랑스어 문헌들을 이와는 반대로 다루었다. 그들은 프랑스어 원전 뒤에다 자신들의 철학적 어불성설을 썼다. 예를 들면, 화폐 관계들에 대한 프랑스인의 비판 뒤에다 "인간 본질의 외화"라고 쓰고, 부르주아국가에 대한 프랑스인의 비판 뒤에다 "추상적 일반자의 지배의 지양"이라고 쓰는 등등이었다.[86]

그들은 프랑스인의 설명[87] 밑에 이러한 철학적 언사들을 끼워 넣는 일에 "행동의 철학", "진정한 사회주의", "독일적 사회주의의 과학", "사회주의의 철학적 정초" 등등의 세례명을 달았다.

이리하여 프랑스의 사회주의-공산주의 문헌은 말 그대로 거세되었다. 그리고 이 문헌이 독일인 수중에서는 다른 계급에 대항하는 한 계급의 투쟁을 표현하지 않게 된 까닭에, 독일인은 "프랑스의 일면성"을 극복했다고, 진정한 욕구들을 대변하는 대신에 진리의 욕구들을 대변했다고, 프롤레타리아의 이해관계 대신에 인간 본질의, 무릇 인간이라는 것의 이해관계를 대변했다고 의식했는데, 그 인간이란 어떤 계급에도 속하지 않는, 무릇 현실에는 속하지 않는, 오로지 철학적 환상의 안개 낀 하늘에만 속하는 인간이다.

자신이 서투르게 마친 학교 숙제를 그토록 진지하고 장엄한 것으로 여기고는 그토록 호객 행위를 하듯 나발을 분 이 독일 사회주의는 그럼에도 불구하고 점차 그 현학적인 순진성을 상실해 갔다.

봉건파와 절대왕정에 대항하는 독일 부르주아지, 특히 프로이센 부르주아지의 투쟁, 한마디로 자유주의운동이 더욱 진지해져 갔다.

그토록 바라마지 않던 기회, 즉 정치운동에 사회주의적 요구들을 대립시킬 기회, 자유주의, 대의제 국가, 부르주아적 경쟁, 부르주아적 언론 자유, 부르주아적 법, 부르주아적 자유와 평등 따위에 전래의 파문장破門狀을 내던질 기회, 인민 대중을 향하여 이러한 부르주아운동에서는 얻을 것이 없고 오히려 모든 것을 잃어버릴지도 모른다고 설교할 기회가 "진정한" 사회주의에게 제공되었다. 독일 사회주의가 때맞추어 망각했던 것은 프랑스인의 비판 — 독일 사회주의는 이 프랑스의 비판의 얼빠진 메아리였다 — 이 그에 걸맞은 물질적[88] 생활 조건들과 그에 적합한 정치적 구조를 갖춘 현대 부르주아사회를 전제하고 있었다는 것인데, 그런 것은 독일에서는 이제야 그 쟁취에 관한 것이 문제가 되고 있는 전제들일 뿐이었다.

독일 사회주의는 성직자, 교원, 시골 융커, 관료 따위를 대동하고 있던 독일 절대주의 정부들에게, 위협적으로 등장하고 있던 부르주아지에 대항하는 바라마지 않던 허수아비로 봉사했다.[89]

독일 사회주의는 독일 절대주의 정부들이[90] 독일 노동자 봉기들을 처리하는 데 사용한 쓰디쓴 채찍질과 총알에 대한 달콤한 보완물을 이루었다.

"진정한" 사회주의가 이와 같이 독일 부르주아지에 대항하는 정부들 수중에 있는 무기로 됨과 아울러, 이 사회주의는 또한 직접적으로도 반동적 이해관계, 즉 독일 성외시민층의 이해관계를 대변했다. 독일에서는, 16세기부터 이곳에서 전해 내려와 그때 이래로 다양한 형태로 여기서 늘 새로이 다시 떠오르고 있는 소부르주아층이 현존 상태의 고유한 사회적 기초를 이룬다.

소부르주아층을 유지하는 것은 독일의 현존 상태를 유지하는 것이다. 부르주아지가 산업과 정치에서 지배함으로 인해 소부르주아층은 확실한 몰락을 두려워하고 있으니, 이 몰락은 한편으로는 자본집적으로 인해 생기며 다른 한편으로는 혁명적 프롤레타리아트의 등장에서 생긴다. "진정한" 사회주의는 소부르주아층에게 일석이조로 보였다. "진정한" 사회주의는 전염병처럼 퍼졌다.

사변의 거미줄로 짜고 아름답기 그지없는 말의 꽃들로 수를 놓아 끈적끈적한 사랑 타령처럼 감상의 이슬이 배인 복장, 독일

사회주의자들이 자신들의 몇 안 되는 앙상한 "영원한 진리들"을 감싸고 있는 이 터무니없는 복장은 이 군중들 사이에서 독일 사회주의자들 상품의 매상을 늘렸을 뿐이다.

독일 사회주의 측에서도 자신의 소명이 성외시민층[91]의 회떠운 대표자가 되는 것임을 점점 더 인식하게 되었다.

독일 사회주의는 독일 국민을 표준 국민이라고 선포했고, 독일 속물[92]을 표준 인간이라고 선포했다. 독일 사회주의는 이들 표준의 파렴치한 행위 하나하나에 은밀하고 고상한 사회주의적 의미를 부여했으며, 그것들은 그 반대의 것을 의미하게 되었다. 독일 사회주의는 공산주의의 "조잡하고 파괴적인" 경향에 직접 반대하고 모든 계급투쟁을 넘어 어느 편도 들지 않는 자신의 고상함을 공포함으로써 최후의 결론을 이끌어 냈다. 아주 적은 예를 제외하고는, 독일에서 통칭 사회주의 저술이니 공산주의 저술이니 하며 나돌고 있는 것들은 모두 이 지저분하며 기氣를 빼앗는 문헌의 영역에 속한다.*

2. 보수적 사회주의 또는 부르주아 사회주의

부르주아지의 일부는 부르주아사회의 존립을 보장하기 위하여 사회적 폐해를 시정하기를 바란다.

여기에 속하는 사람들은 다음과 같다. 경제전문가, 박애주의

---

* 1848년혁명의 폭풍은 이 닳아빠진 유파를 죄다 쓸어 버렸고, 그 지지자들에게서 사회주의로 무언가를 더욱더 해 보고 싶은 의욕을 빼앗아 버렸다. 이 유파의 주요 대표자이자 고전적 전형은 칼 그륀 씨다. [1890년 독일어판]

자, 인도주의자, 노동계급 처지 개선가, 자선사업가, 동물 학대 철폐 운동가, 금주 협회 발기인, 잡다하기 그지없는 하찮은 개량가들. 그리고 또한 이러한 부르주아 사회주의는 완전한 체계로 마무리되어 있다.

그 예로 우리는 프루동의 『Philosophie de la misère[빈곤의 철학]』을 들겠다.

사회주의적 부르주아들은 현대사회의 생활 조건들[93]을 원하되, 그로부터 필연적으로 생겨나는 투쟁들과 위험들이 없는 현대사회의 생활 조건들을 원한다. 현존 사회를 원하되, 그 사회에 혁명을 일으키고 그 사회를 해체시키는 요소들을 떼어 낸 현존 사회를 원한다. 프롤레타리아트 없는 부르주아지를 원한다. 부르주아지는 자기가 지배하는 세계를 당연히 최상의 세계라고 생각한다. 부르주아 사회주의는 위안이 되는 이러한 관념을 반쪽이든 완결적이든 하나의 체계[94]로 완성시킨다. 부르주아 사회주의는 프롤레타리아트에게 자기의 체계를 실현하고 새로운 예루살렘[95]으로 들어갈 것을 요구하면서, 프롤레타리아트가 지금의 사회에 머물러 있되 그 사회에 대해[96] 원한이 가득 찬 그들의 생각은 벗어 던질 것을 주장하고 있을 뿐이다.

이러한 사회주의 가운데 덜 체계적이면서 오직 한층 더 실천적일 뿐인 또 하나의 형태는 이러저러한 정치적 변화가 아니라 오직 물질적 생활 상태, 경제적 상태의 변화만이 노동자계급에게 이로움이 될 수 있다고 증명함으로써 노동자계급이 모든 혁명운동을 싫어하게 하려 애썼다. 그런데 이 사회주의에게 물질적 생활 상태의 변화란 혁명적 길로만 가능한 부르주아적 생산관계들의 철폐가 아니라, 이 생산관계들의 토양 위에서 행해지는, 따라서 자본과 임금노동의 관계는 조금도 변화시키지 않고 잘해야 부르주아지에게 지배 비용을 감소시키고 그들의 국가 살림을 단순화하는 행정상의 개선을 의미한다.

부르주아 사회주의는 그저 연설조로 말할 때 비로소 가장 적합한 표현을 얻는다.

자유로운 무역! 노동계급의 이해관계에 따르는. 보호관세! 노동계급의 이해관계에 따르는. 독거 감옥[97]! 노동계급의 이해관계에 따르는. 이것이 부르주아 사회주의의 최후의, 진심에서 우러나오는 유일한 말이다.

부르주아의 사회주의[98]란 바로 다음과 같은 주장에 있다. 부르주아는 부르주아다 — 노동계급의 이해관계에 따르는.

3. 비판적-유토피아적 사회주의와 공산주의

우리는 여기서 현대의 모든 대혁명 속에서 프롤레타리아트의 요구들을 외쳤던 문헌에 대해 말하는 것이 아니다. (바뵈프의 저술들 등등.)

전반적 격동의 시대, 봉건사회 전복의 시기에 자기 자신의 계급 이해관계를 직접 관철시키려던 프롤레타리아트의 최초 시도들은 프롤레타리아트 자체가 발전하지 못한 상태에 부딪쳐, 또한 프롤레타리아트 해방의 물질적 조건들이 결여되었다는 정황에 부딪쳐 불가피하게 좌초했으니, 그 조건들은 그때가 아닌 바로 부르주아 시기의 산물일 뿐이다.[99] 프롤레타리아트의 이 최초 운동에 수반되었던 혁명적 문헌은 그 내용에 따르면 필연적으로 반동적이다. 그 문헌은 전반적 금욕주의와 조잡한 평등주의를 가르쳤다.

본래의 사회주의와 공산주의 체계, 즉 생시몽, 푸리에, 오언 등등의 체계는 위에서 서술한 바 있는, 프롤레타리아트와 부르주아지 사이의 투쟁이 발전하지 못한 최초의 시기에 떠올랐다. (부르주아지와 프롤레타리아트[100]를 보라.)

이러한 체계의 발명자들은 계급의 대립도 보고 지배 사회 자체 안에 있는 해체적 요소들의 작용도 보기는 한다. 그러나 그들은 프롤레타리아트 쪽[101]에서 아무런 역사적 자기 활동도, 그들에게 고유한 정치운동도 알아보지 못한다.

계급 대립의 발전은 산업의 발전과 보조를 맞추는 까닭에, 그들은 프롤레타리아트 해방을 위한 물질적 조건들을 거의 발견해 내지 못하며, 이러한 조건들을 만들어 내기 위하여 사회과학을, 사회법칙[102]을 탐구한다.

사회적 활동 자리에 일신상의 발명 활동이, 해방의 역사적 조건들 자리에 환상적 조건들이, 점진적으로 이루어지고 있는 프롤레타리아트의 계급으로의 조직화 자리에 특별히 부화된 사회 조직이 들어서지 않을 수 없다.[103] 그들에게는 다가오는 세계사가 자신들의 사회 계획의 선전과 실천적 수행 속으로 용해된다.

그들은 자신들의 계획에서는 가장 고통받는 계급으로서의 노동계급의 이해관계를 주로 대변할 것을 의식하기는 한다. 프롤레타리아트는 가장 고통받는 계급이라는 견지에서만 그들에게 존재한다.

그러나 계급투쟁의 발전되지 않은 형태와 그들 자신의 생활 상의 처지로 말미암아 당연하게도 그들은 자신들이 저 계급 대립을 꽤 초월했다고 믿는다. 그들은 모든 사회 성원의 생활상의 처지를, 또한 가장 좋은 지위에 있는 성원들의 생활상의 처지도 개선하고자 한다. 그리하여 그들은 아무런 차별도 두지 않고 사회 전체에, 아니 그중에서도 특히 지배계급에 호소한다. 그저 자기들 체계를 이해하기만 하면, 그 체계를 있을 수 있는 가장 좋은 사회에 대한 있을 수 있는 가장 좋은 계획이라고 인정하게 될 것이란다.

그러므로 그들은 모든 정치적 행동, 특히 모든 혁명적 행동을 거부하며, 평화적 길로 자신들의 목적을 달성하고자 하며, 당연히 실패하게 될 자그마한 실험들을 통해, 본보기의 힘을 통해 새로운 사회적 복음의 길을 닦고자 애쓴다.

미래 사회에 대한 환상적 묘사는 프롤레타리아트가 아직 많이 발전되어 있지 못하고 따라서 그들 자신이 아직 자신들의 처지를 환상적으로 파악하고 있는 그러한 때에, 사회의 전반적 개조에 대한 예감으로만 가득한 최초의 갈망에서 생겨났다.

그러나 이 사회주의와 공산주의 저술들은 비판적 요소들로 이루어져 있기도 하다. 그 저술들은 현존 사회의 모든 기초를 공격한다. 따라서 그 저술들은 노동자들의 계몽에 아주 가치 있는 자료를 제공해 왔다. 미래 사회에 대한 그들의 실제적인 명제들[104], 예를 들면 도시와 농촌의 대립 · 가족 · 사적 영리 · 임금노동 따위의 폐지, 사회적 조화의 설교, 그저 생산 관리 기구인 것으로의 국가의 변신, 그들의 이 모든 명제는 그저 계급 대립의 제거를 표현하고 있을 뿐인데, 그 계급대립은 이제 막 발전하기 시작하고 있으며 그 저술들은 그 대립을 아직 꼴도 갖추지 못한 최초의 불명료함 속에서만 인식하고 있다. 따라서 이 명제들 자체에는 아직 순전히 유토피아적 의미만 있다.

비판적-유토피아적 사회주의와 공산주의의 의의는 역사 발전에 반비례한다. 계급투쟁[105]이 발전하며 꼴을 갖추어 가는 것과 같은 정도로, 계급투쟁과의 이와 같은 환상적 분리, 계급투쟁과의 이와 같은 환상적 전투는 모든 실천적 가치, 모든 이론적 정당성을 상실하게 된다. 그러므로 이 체계의 창시자들이 많은 점에서 혁명적이었다 할지라도, 그 제자들은 번번이 반동적 종파를 형성한다. 그들은 프롤레타리아트의 계속적인 역사적 발전을 마주하고도 스승들의 낡은 견해를 붙들고 놓지 않는다. 그러므로 그들은 일관되게 계급투쟁을 다시 무디게 하고 대립을 중재하려 애쓴다. 그들은 여전히 자신들의 사회적 유토피아의 실험적 실현, 즉 개별 팔랑스떼르 설립, 홈-콜로니 창설, 소규모 이까리아 — 새로운 예루살렘의 축소판 — 설립* 따위를 꿈꾸고 있으며, 이 공중누각들을 세우기 위하여 부르주아의 심장과 전낭에서 나오는 박애에 호소하지 않을 수 없다. 점차 그들은 위에서 서술한 반동적 또는 보수적 사회주의자들의 범주

---

* 팔랑스떼르는 샤를르 푸리에가 계획한 사회주의적 이민지였다. 이까리아는 까베가 자신의 유토피아에, 그리고 이후에는 아메리카에 있는 자신의 공산주의 이민지에 붙인 이름이다. [1888년 영어판]
홈-콜로니(국내 이민지)는 오언이 자신의 공산주의적 모범 사회에 붙인 이름이다. 팔랑스떼르는 푸리에가 계획한 사회적 궁전의 명칭이었다. 이까리아는 까베가 공산주의 시설을 묘사했던 유토피아적인 환상의 땅을 말한다. [1890년 독일어판]

로 떨어지며, 더 체계적인 소인배적 근성으로 인해, 자신들의 사회과학의 기적적 효력에 대한 환상적 미신[106]으로 인해 겨우 보수적 사회주의자들과 구별될 뿐이다.

그렇기 때문에 이들은 노동자들의 모든 정치운동에 대해 격분하며 반대하는데, 그런 운동은 새로운 복음에 대한 맹목적 불신에서만 나올 수 있다는 것이다.

영국의 오언주의자들, 프랑스의 푸리에주의자들은 영국에서는 차티스트들에 반대하고 프랑스에서는 개혁주의자들에 반대한다.[107]

IV
각각의 반정부 당들에 대한
공산주의자들의 입장

제II편에 따르면, 이미 구성된 노동자당들과 공산주의자들의 관계, 따라서 영국의 차티스트들 및 북아메리카의 토지 분배 개혁파[108]와 공산주의자들의 관계는 자명하다.

공산주의자들은 노동자계급이 직접 당면한 목적들과 이해관계들을 달성하기 위해 투쟁하지만, 현재의 운동 속에서 운동의 미래를 대변하기도 한다.[109] 프랑스에서 공산주의자들은 보수적 부르주아지와 급진적 부르주아지[110]에 반대하여 사회주의-

민주주의당*의 편을 들되, 그렇다고 혁명적 전통에서 유래하는 공문구와 환상들에 비판적 태도를 지닐 권리를 포기하지는 않는다.

스위스에서 공산주의자들은 급진파[112]를 지지하되, 이 당이 모순적 요소들로, 즉 일부는 프랑스적 의미에서의 민주주의적 사회주의자로, 일부는 급진적인 부르주아지로 이루어져 있음을 오인하지 않는다.

폴란드인들 사이에서 공산주의자들은 토지 분배 혁명을 국민 해방의 조건으로 하고 있는 당을 지지하는데, 1846년의 크라쿠프폭동을 일으킨 당이 바로 그 당이다.[113]

독일에서 공산주의당은 부르주아지가 혁명적으로 행동하는 즉시 그들과 함께 절대군주제, 봉건적 토지소유[114], 소부르주아주의에 대항하여 투쟁했다.

그러나 공산주의당은 부르주아지와 프롤레타리아트 사이의 적대적 대립에 관해 가능한 한 가장 명확한 의식을 노동자들에게 부각하는 일을 한순간도 멈추지 않으니, 이는 독일 노동자들이 부르주아지가 자신들의 지배와 함께 틀림없이 도입할 사회 조건들과 정치 조건들을 부르주아지에 대항하는 같은 수의 무기들로 즉시 되돌릴 수 있도록 하기 위함이며, 독일에서 반동적

---

* 당시에 의회에서는 르드뤼-롤랭에 의해, 문헌에서는 루이 블랑에 의해, 일간신문에서는 『개혁』에 의해 대표되던 당. '사회민주주의'라는 이름은 이와 같은 그 이름의 고안자들에게는 민주주의적인 혹은 공화주의적인 당에서 다소 사회주의적 색채를 띠고 있던 분파를 뜻했다. [1888년 영어판]
당시에 자신을 사회주의적-민주주의적이라 불렀던 프랑스의 당은 정치적으로는 르드뤼-롤랭에 의해, 문헌적으로는 루이 블랑에 의해 대표되던 당이었다. 이처럼 이 당은 오늘날 독일의 사회민주주의 정당[111]과는 천양지차였다. [1890년 독일어판]

계급들의 전복 이후에 곧바로 부르주아지 자체에 대항하는 투쟁을 개시하기 위함이다.

공산주의자들이 자신들의 주의를 주로 독일에 돌리는 까닭은 독일이 부르주아혁명의 전야에 있기 때문이며, 또 독일은 무릇 유럽 문명이라는 것의 더 진보한 조건들 밑에서, 그리고 17세기 영국이나 18세기 프랑스보다 훨씬 더 발전한 프롤레타리아트를 지니고 이 변혁을 성취할 것이므로 독일의 부르주아혁명이 프롤레타리아혁명의 직접적 서곡일 수 있을 뿐이기 때문이다.

한마디로, 공산주의자들은 어디서나 현존 사회 상태와 정치 상태를 반대하는 모든 혁명운동을 지지한다.

이 모든 운동 속에서 공산주의자들은 소유 문제의 발전 정도와 상관없이 소유 문제를 운동의 근본 문제로 내세운다.

끝으로 공산주의자들은 어디서나 만국의 민주주의당들의 연결과 합의를 이루는 것에 열중한다.

공산주의자들은 자신들의 견해와 의도를 숨기는 것을 경멸한다. 공산주의자들은 자신들의 목적이 이제까지의 모든 사회 질서의 폭력적 전복에 의해 달성될 수 있을 뿐임을 공공연하게 천명한다. 지배계급들로 하여금 공산주의혁명 앞에서 전율케 하라. 프롤레타리아들에게는 족쇄 말고는 공산주의혁명에서 잃을 것이 아무것도 없다. 그들에게는 얻어야 할 세계가 있다.

만국의 프롤레타리아여, 단결하라!

1872년 독일어판 서문

당시 상황에서는 당연히 비밀적인 것일 수밖에 없었던 국제적인 노동자 결사인 공산주의자동맹은 1847년 11월에 런던에서 개최된 대회에서, 이론적이고 실천적인 상세한 당 강령을 공표할 예정으로 그 강령을 작성하는 일을 아래 서명자들에게 위임했다. 그리하여 다음의 『선언』이 생겨났으며, 그 원고는 2월 혁명[115] 몇 주일 전에 인쇄를 위해 런던으로 보내졌다. 『선언』은 맨먼저 독일어로 발표되었고, 독일, 영국, 아메리카 등지에서 독일어로 적어도 열두 종의 서로 다른 판이 인쇄되었다. 영어로는 1850년 런던에서 『붉은 공화주의자』에 헬렌 맥팔레인 양의 번역으로 처음으로 게재되었으며, 1871년에는 아메리카에서 적어도 세 종의 서로 다른 번역본이 출판되었다. 프랑스어로는 빠리에서 1848년 6월봉기[116] 직전에 처음으로 번역되었고, 최근에는 뉴욕의 『사회주의자』에 번역되었다. 새로운 번역이 준비되고 있다. 폴란드어로는 런던에서 최초의 독일어판 발간 직후에 출판되었다. 러시아어로는 주네브에서 60년대에 번역되었다. 덴마크어로도 『선언』은 발표 후에 곧 출판되었다.

지난 25년 동안 상황이 아무리 많이 변했다 하더라도, 이 『선언』에 개진되어 있는 일반적 원칙들은 대체로 오늘날에도 여전히 완전히 정당하다 하겠다. 개별적인 것들은 여기저기 개선되어야 할 것이다. 『선언』 자체가 천명하듯, 이러한 원칙들의 실천적 적용은 언제 어디서나 역사적으로 주어지는 상황에 좌우될 것이며, 그런 까닭에 제Ⅱ편 끝에서 제안된 혁명적 방책들에 특별한 비중이 두어지는 것은 결코 아니다. 이 구절들은 오늘날 많은 점에서 다르게 써야 할 것이다. 지난 25년에 걸친 대공업의 엄청난 발전이나 이와 함께 진전된 노동자계급의 당 조직에 비추어 볼 때, 우선 2월혁명의 실천적 경험에 비추어 보고 더 깊게는 프롤레타리아트가 처음으로 두 달 동안 정치권력을 차지했던 빠리꼬뮌[117]의 실천적 경험에 비추어 볼 때, 오늘날 이 강령은 곳곳이 낡은 것이 되어 버렸다. 특히 꼬뮌은 "노동자계급은 단순히 기성의 국가기구를 자기 나름의 목적을 위해 행사할 수는 없다"라는 것을 증명했다. (『프랑스 내전. 국제노동자협회 총평의회 담화문』, 독일어판, 19쪽. 거기에는 이에 대해 더 폭넓게 개진되어 있다.) 나아가 사회주의 문헌 비판은 1847년까지의 것에만 닿아 있기 때문에 오늘날 보자면 결함이 있다는 것, 그리고 이와 마찬가지로 각각의 반정부 당에 대한 공산주의자들의 입장에 대한 언급들(제Ⅳ편)도 요점은 오늘날에도 여전히 옳다 해도 정치 정세가 완전히 달라졌고 역사 발전이 거기에 열거된 당들 대부분을 세상에서 없애 버렸기 때문에 오늘날 그것을 실행하기에는 이미 낡은 것이 되어 버렸다는 것은 자명하다.

그렇다 해도 『선언』은 역사적 문서이며, 우리는 그것을 변경할 권리가 더 이상 우리에게 있는 것은 아니라고 본다. 훗날의 판은 아마 1847년부터 지금까지의 간격에 다리를 놓아 주는 서설이 붙어 간행될 것이며, 본 판본은 예기치 않았던 것이어서 우리로서는 그렇게 할 시간이 없었다.

1872년 6월 24일, 런던

칼 맑스   프리드리히 엥겔스

1882년 러시아어 제2판 서문

『공산주의당 선언』 러시아어 초판은 바꾸닌이 번역하여 60년대 초에 『종』 인쇄소에서 나왔다. 서양은 당시에는 그것(『선언』 러시아어판)을 문헌적으로 진기한 사건으로 볼 수 있었을 뿐이다. 그런 식으로 사태를 파악하는 일은 오늘날에는 불가능할 것이다.

당시(1847년 12월)에는 아직 프롤레타리아운동이 얼마나 제한된 지역을 수용하고 있었던가는 각각의 나라의 각각의 반정부 당에 대한 공산주의자들의 입장이라는 『선언』 마지막 장이 극히 명확하게 보여 주고 있다. 여기에는 요컨대 빠져 있는 것이 있다. 러시아와 합중국이다. 당시는 러시아가 유럽의 전체 반동의 최후의 거대한 예비군을 이루고 있던 때였으며, 합중국이 이민을 통해 유럽 프롤레타리아의 여력을 흡수하던 때였다. 두 나라는 유럽에 원료품을 공급하고 있었고, 그러면서도 유럽 공업 제품들의 판매 시장이었다. 따라서 두 나라는 당시에는 이러저러한 방식으로 기존 유럽 질서의 기둥들이었다.

오늘날에는 얼마나 다른가! 바로 유럽에서의 이민이 북아메리카에서 거대한 농업 생산이 가능토록 했으며, 그로 인한 경쟁은 유럽의 토지 소유 — 대토지 소유건 소토지 소유건 — 를 그 근저에서 뒤흔들고 있다. 그 이민으로 인해 게다가 합중국은 서

MANIFESTE DU PARTI COMMUNISTE
par Karl MARX et Fr. ENGELS

РУССКАЯ СОЦІАЛЬНО-РЕВОЛЮЦІОННАЯ БИБЛІОТЕКА
Книга Третья

МАНИФЕСТЪ

КОММУНИСТИЧЕСКОЙ ПАРТІИ

Карла Маркса и Фр. Энгельса

ПЕРЕВОДЪ СЪ НѢМЕЦКАГО ИЗДАНІЯ 1872.

СЪ ПРЕДИСЛОВІЕМЪ АВТОРОВЪ

Prix 1 Fr.

ЖЕНЕВА
Вольная Русская Типографія

1882

1882년 러시아어 제2판 표지

유럽의, 특히 영국의 이제까지의 공업 독점을 머지않아 부술 수밖에 없을 정력과 규모로 방대한 공업 자원들을 우려먹을 수 있게 됐다. 두 가지 사정이 아메리카 자체에 혁명적으로 반작용하고 있다. 정치 체제 전체의 토대인 농업인들의 중소 규모 토지 소유는 차츰 거대 농장과의 경쟁에서 패배하고 있으며, 공업 지대들에서는 이와 동시에 처음으로 대량의 프롤레타리아트와 자본들의 거짓말 같은 집적이 펼쳐지고 있다.

그러면 이제 러시아를 보자! 1848/49년혁명 동안에는 유럽 왕후들뿐만 아니라 유럽 부르주아들도, 이제 막 깨어나고 있던 프롤레타리아트로부터의 유일한 구원을 러시아의 간섭에서 찾았다. 짜르는 유럽 반동의 우두머리로 선포되었다. 오늘날 짜르는 갓치나 궁에 혁명의 포로로 있으며[118], 러시아는 유럽의 혁명적 행동의 전위를 이루고 있다.

『공산주의 선언』은 불가피하게 닥쳐오고 있는, 현대 부르주아적 소유의 해체를 선포하는 것을 과제로 삼고 있었다. 하지만 러시아에서는 한편에서는 현기증이 일 정도로 자본주의가 급속히 꽃피고 있으며 이제 부르주아적 토지 소유가 발전하고 있는데 반해 아직 토지의 태반이 농민들 공동보유다. 이제 다음과 같은 질문이 생긴다. 러시아의 옵시나[119]는 비록 태고의 토지 공동보유가 심하게 붕괴된 형태이기는 하지만 공산주의적 공동보유라는 더 높은 형태로 직접 이행할 수 있는가? 아니면 반대로 서양의 역사 발전을 이루고 있는 동일한 해체 과정을 먼저 겪어야만 하는가?

이에 대해 오늘날 가능한 유일한 대답은 이렇다. 러시아의 혁명이 서양의 프롤레타리아혁명의 신호가 되고 그리하여 양자가 서로 보완한다면, 지금의 러시아의 토지 공동소유는 공산주의 발전의 출발점 역할을 할 수 있을 것이다.

1882년 1월 21일, 런던
칼 맑스   프리드리히 엥겔스

1883년 독일어판 서문

　본 판의 서문에는 유감스럽게도 나 혼자 서명할 수밖에 없다. 맑스, 유럽과 아메리카의 전체 노동자계급이 다른 어느 누구에게보다도 더 크게 힘입은 사람. 그 맑스는 하이게이트 묘지에 잠들어 있으며, 그의 무덤 위에는 벌써 첫 풀이 자라고 있다. 그의 죽음 이래로, 더욱『선언』의 개정이나 보충에 대해서는 더 이상 어떠한 말도 있을 수 없다. 그럴수록 더욱 여기서 한 번 더 다음의 것을 명확하게 못 박아 놓는 것이 필요하다고 생각한다.

　『선언』을 관통하고 있는 기본 사상은 이런 것이다. 각각의 역사적 시대의 경제적 생산과 그로부터 필연적으로 귀결되는 사회구조가 그 시대의 정치사와 지성사의 기초를 이룬다. 그에 따라 (태고의 토지 공동보유의 해체 이래로) 역사 전체는 계급투쟁의 역사, 즉 사회 발전의 다양한 단계에서 벌어진 피착취계급과 착취계급, 군림당하는 계급과 지배계급 사이의 투쟁의 역사였다. 그런데 이 투쟁은 지금, 착취당하고 억압당하는 계급 (프롤레타리아트)이 사회 전체를 영원히 착취, 억압, 계급투쟁 따위에게서 해방시키는 일이 동시에 벌어지지 않고서는 자신을 착취하고 억압하는 계급(부르주아지)에게서 더 이상 자신을 해방시킬 수 없는 단계에 이르렀다. 이 기본 사상은 오로지 전적

Das

Kommunistische Manifest.

Dritte autorisirte deutsche Ausgabe.

Mit Vorworten der Verfasser.

Hottingen-Zürich
Verlag der Schweizerischen Volksbuchhandlung
1883.

1883년 독일어 제3판 표지

으로 맑스에게 속한다.*

나는 이미 그것을 여러 차례 말한 바 있지만, 바로 지금은 그것이 『선언』 자체의 앞머리에도 놓이는 것이 필요하다.

1883년 6월 28일, 런던

프리드리히 엥겔스

---

* 나는 영어 번역본 서문에 이렇게 썼다. "내 생각으로는 다윈 이론이 자연과학에서 정초한 것과 똑같은 진보를 역사과학에서 정초할 사명을 부여받은 사상, 이 사상에 우리는, 우리 둘 다는 1845년 이전의 몇 년 동안 점차적으로 다가가고 있었다. 내가 독자적으로 그리로 얼마만큼 나아갔던가는 나의 『잉글랜드 노동계급의 처지』로 나타난다. 그러나 내가 1845년 봄에 브뤼셀에서 맑스를 다시 만났을 때, 그는 이미 그것을 완성해 놓았으며, 내가 여기서 진술한 것과 거의 비슷하게 명료한 용어로 내 앞에 내놓았다." [1890년 독일어판]

1888년 영어판 서문

『선언』은 처음에는 전적으로 독일의 노동자 연합체였고 이후에는 국제적인 연합체로 된 '공산주의자동맹'의 강령으로 출판되었는데, 공산주의자동맹은 1848년 이전의 유럽 대륙의 정치 상황에서는 불가피하게 비밀 결사였다. 1847년 11월 런던에서 개최된 동맹 대회에서, 맑스와 엥겔스는 이론적이고 실천적인 완결된 당 강령의 출판을 준비할 것을 위임받았다. 원고는 독일어로 작성되어 1848년 1월에, 즉 프랑스에서 2월 24일에 혁명[115]이 벌어지기 몇 주일 전에 인쇄를 위해 런던으로 보내졌다. 프랑스어 번역은 1848년 6월봉기[116] 직전에 빠리에서 나왔다. 미스 헬렌 맥팔레인 손에서 나온 최초의 영어 번역은 1850년에 런던에서 조지 줄리언 하니의 『붉은 공화주의자』에 게재되었다. 덴마크어판과 폴란드어판도 출판되었다.

1848년 6월 빠리봉기 — 프롤레타리아트와 부르주아지 사이의 최초의 대전투 — 의 패배는 당분간 유럽 노동자계급의 사회적, 정치적 열망들을 다시 뒷전으로 몰아냈다. 그때 이래로 패권을 위한 투쟁은 2월혁명 이전에 그랬듯이 다시 유산계급의 다양한 분파 사이에서만 벌어졌으며, 노동자계급은 정치적으로 가까스로 운신할 정도의 여지를 얻기 위해 투쟁하는 지위와 중간계급 급진파의 극좌익이라는 지위로 축소되었다. 독자적

MANIFESTO

OF THE

COMMUNIST PARTY,

By KARL MARX, and FREDERICK ENGELS.

Authorized English Translation.

EDITED AND ANNOTATED BY FREDERICK ENGELS.
1888.

London:
WILLIAM REEVES, 185, FLEET STREET, E.C.

1888년 영어판 표지

인 프롤레타리아운동이 계속해서 생명의 징후를 드러낸 어디서든 그 운동은 무자비하게 색출되었다. 예컨대 프로이센 경찰은 당시 쾰른에 소재하고 있던 공산주의자동맹 중앙위원회를 적발했다. 동맹원들은 체포되었고, 18개월의 구금 후에 1852년 10월에 재판을 받았다. 이 저명한 "쾰른 공산주의자 재판"은 10월 4일부터 11월 12일까지 계속되어, 피고 가운데 일곱 명이 3년에서 6년의 요새 금고형을 선고받았다.[120] 선고 직후에 동맹은 남아 있던 동맹원들에 의해 정식으로 해산되었다. 『선언』에 관해서 말하자면, 그것은 그때 이래로 망각되도록 저주를 받은 것처럼 보였다.

유럽 노동자계급이 지배계급들에게 또 다른 공격을 가하기에 충분한 힘을 회복하자 국제노동자협회[121]가 생겨났다. 그러나 이 협회는 유럽과 아메리카의 투쟁적인 프롤레타리아트 전체를 하나의 단체로 묶는다는 목표를 밝히며 창설되었기에, 『선언』에 적혀 있는 원칙들을 즉각적으로 선포할 수는 없었다. 인터내셔널은 영국의 노동조합들과 프랑스, 벨기에, 이딸리아, 에스빠냐 등지의 프루동 추종자들과 독일의 라쌀레 파*가 받아들일 정도로 충분히 폭이 넓은 강령을 가질 수밖에 없었다. 이러한 강령을 모든 당파가 만족할 수 있도록 작성한 맑스는 노동자계급의 지적 발전에 전폭적인 신뢰를 두고 있었는데, 결합

---

* 라쌀레는 개인적으로는 항상 우리들에게 자신이 맑스의 제자임을 인정했고, 그러한 제자로서 『선언』에 기반을 두고 있었다. 하지만 1862년~1864년의 공개적인 선동에서 그는 국가신용으로 지원되는 협동조합 작업장들을 요구하는 것을 넘어서지 못했다.

된 행동과 상호 토론으로부터 그러한 발전이 생겨날 것임은 틀림없었다. 자본에 맞선 투쟁들 속에서의 사건들과 부침 자체는, 승리보다는 오히려 패배가, 사람들로 하여금 그들이 애용하는 갖가지 엉터리약들의 불충분함을 똑똑히 깨닫도록 하지 않을 수 없을 것이었으며, 노동자계급 해방의 참된 조건들을 더 완전히 통찰하는 길을 닦아 주지 않을 수 없었을 것이었다. 그리고 맑스는 옳았다. 인터내셔널이 1874년에 해체되려 할 때, 인터내셔널은 1864년에 보았던 노동자들과는 완전히 다른 상태에 있는 노동자들을 남겨 놓았다. 프랑스의 프루동주의, 독일의 라쌀레주의는 사멸하고 있었으며, 비록 그 대다수가 인터내셔널과의 연계를 이미 오래 전에 끊어 버리긴 했지만 보수적이었던 영국의 노동조합들조차 그 의장이 작년에 스완지에서 노동조합의 이름으로 "대륙의 사회주의는 더 이상 우리에게 두려운 것이 아니다"[122]라고 말할 수 있었던 지점까지 점차로 근접해 가고 있었다. 사실상 『선언』의 원칙들은 모든 나라의 노동자들 사이에서 현저한 진척을 이루어 냈다.

　『선언』 자체가 그리하여 다시 전면에 나섰다. 독일어본은 1850년 이래로 스위스, 영국, 아메리카 등지에서 여러 번에 걸쳐 중판되었다. 1872년에는 『선언』이 영어로, 그것도 뉴욕에서 번역되어 『우드헐과 클래플린의 주간지』에 게재되었다. 이 영어판을 기초로 프랑스어판이 뉴욕의 『사회주의자』에 실렸다. 그때 이후로 아메리카에서는 다소 엉망이 된, 적어도 둘 이상의 영어 번역이 나왔고, 이것들 가운데 하나가 영국에서 중판되었다. 바꾸닌이 번역한 최초의 러시아어판은 1863년경 주네브에서 게르젠의 『종』 인쇄소에서, 영웅적인 베라 자쑬리치가 해낸 두 번째 러시아어 번역본 역시 주네브에서 1882년에 출판되었다. 새로운 덴마크어판은 1885년에 코펜하겐의 『사회민주주의자 문고』에서 볼 수 있으며, 새로운 프랑스어 번역은 1886년에 빠리에서 『사회주의자』에 게재되었다. 이 번역에 의거하여 에스빠냐어판이 준비되어 1886년에 마드리드에서 출판되었다. 독일어 중판본은 셀 수가 없는데, 모두 합쳐서 적어도 12종은 될 것이다. 몇 달 전에 콘스탄티노플에서 나오려던 아르메니아어 번역은 빛을 보지 못했는데, 내가 전해 듣기로는, 출판업자는 맑스의 이름이 박힌 책을 내기를 두려워했던 한편 번역자는 그 책을 자기 나름의 작품으로 하는 것을 거절했기 때문이라고 한다. 나는 다른 언어들로 된 그 밖의 번역들에 대해 듣긴 했지만 보지는 못했다. 이처럼 『선언』의 역사는 상당한 정도로 현대 노동자계급의 운동의 역사를 반영하는데, 현재 『선언』은 의심할 여지없이 모든 사회주의 문헌 중에서 가장 널리 퍼져 있는, 가장 국제적인 작품이며, 시베리아에서 캘리포니아에 이르는 수백만 노동자들에게 인정받는 공통의 강령이다.

그래도 『선언』을 썼을 때, 우리는 그것을 **사회주의** 선언이라고 부를 수 없었다. 1847년에는 사회주의자들이라고 하면, 한편으로는 다양한 유토피아 체계의 추종자들, 즉 영국의 오언파나 프랑스의 푸리에파로 이해되었는데, 이들 둘 다 이미 미미한 종파의 지위로 축소되어 있었고 점차 사멸해 가고 있었다. 다른 한편으로는 잡다하기 그지없는 사회적 돌팔이 의사들로 이해되었는데, 이들은 자본과 이윤에 대한 어떠한 위험도 없이 온

갖 미봉책으로 온갖 종류의 사회적 불만의 원인들을 다시 손질 하겠노라고 했다. 두 경우 모두, 노동자운동의 바깥에 있으면서 차라리 "교양 있는" 계급에게 후원을 구하는 사람들이었다. 노동자계급 중에 단순한 정치혁명의 불충분함을 깨닫고 총체적인 사회 변화의 필요성을 선포한 부분이 있었다면, 그 어떤 부분일 지라도 당시에는 자신들을 공산주의적이라 불렀다. 그것은 설익고 다듬어지지 않은 순전히 본능적인 종류의 공산주의였지만, 중요한 지점을 건드리고 있었고, 프랑스에서는 까베의 유토피아 공산주의를 만들어내고, 독일에서는 바이틀링의 유토피아 공산주의를 만들어 낼 만큼 노동자계급 사이에서 매우 강력한 것이었다. 이처럼 1847년에는 사회주의는 중간계급의 운동이었고 공산주의는 노동자계급의 운동이었다. 사회주의는 적어도 대륙에서는 "품위 있는 것"이었고, 공산주의는 바로 그 반대의 것이었다. 그런데 우리의 견해는 처음부터 "노동자계급의 해방은 노동자계급 자신의 사업이어야 한다"[123]라는 것이었기 때문에, 두 명칭 가운데 어떤 것을 취해야 할 것인가에 대해서는 의문의 여지가 있을 수 없었다. 게다가 그 이후로도 우리는 공산주의와 인연을 끊겠다고 선언할 생각이 전혀 들지 않았다.

『선언』은 우리의 공동 작품이지만, 나는 그 정수를 이루는 기본 명제는 맑스에게 속한다고 단언할 의무가 나에게 있다고 생각한다. 그 명제는 다음과 같다. 각각의 역사상 시대에서는 우세한 경제적 생산양식 및 교환양식과 그로부터 필연적으로 뒤따르는 사회조직이 토대를 형성하며, 이 토대 위에서 그 시대의 정치사와 지성사가 세워지고 오직 이 기초로부터만 이러한 역사들이 설명될 수 있다는 것. 그에 따라, (공동소유로 토지를 보유하던 원시부족사회의 해체 이래로) 인류의 역사 전체는 계급투쟁의 역사, 즉 착취계급과 피착취계급, 지배계급과 피억압계급 사이의 대결의 역사였다는 것. 이러한 계급투쟁의 역사는 하나의 발전 계열을 이루고 있으며, 오늘날에는 착취당하고 억압받는 계급 — 프롤레타리아트 — 이 사회 전반을 일거에 영원히 모든 착취, 억압, 계급차이, 계급투쟁 따위로부터 해방하기도 하지 않고서는 착취하고 지배하는 계급 — 부르주아지 — 에게서 자신의 해방을 얻을 수 없는 단계에 이르렀다는 것.

내 생각으로는 다윈 이론이 생물학에서 정초한 것과 똑같은 진보를 역사과학에서 정초할 사명을 부여받은 사상, 이 사상에 우리는, 우리 둘 다는 1845년 이전의 몇 년 동안 점차적으로 다가가고 있었다. 내가 독자적으로 그리로 얼마만큼 나아갔던가는 나의 『잉글랜드 노동계급의 처지』*로 가장 잘 나타난다. 그러나 내가 1845년 봄에 브뤼셀에서 맑스를 다시 만났을 때, 그는 이미 그것을 완성해 놓았으며, 내가 여기서 진술한 것과 거의 비슷하게 명료한 용어로 내 앞에 내놓았다.

나는 1872년 독일어판에 붙인 우리의 공동 서문에서 다음을 인용하겠다.

"지난 25년 동안 상황이 아무리 많이 변했다 하더라도, 이 『선언』에 개진되어 있는 일반적 원칙들은 대체로 오늘날에도 여전히 완전히 정당하다 하겠다. 개별적인 것들은 여기저기 개

---

* 『1844년의 잉글랜드 노동계급의 처지』, 프리드리히 엥겔스 저, 플로렌스 K. 비슈네 베츠키 번역, 뉴욕, 로벨 — 런던, W. 리브즈, 1888년.

선되어야 할 것이다. 선언 자체가 천명하듯, 이러한 원칙들의 실천적 적용은 언제 어디서나 당시에 존재하는 역사적 상황에 좌우될 것이며, 그런 까닭에 제Ⅱ편 끝에서 제안된 혁명적 방책들에 특별한 비중이 두어지는 것은 결코 아니다. 이 구절들은 오늘날 많은 점에서 다르게 써야 할 것이다. 1848년 이래의 대공업의 엄청난 발전이나 이에 수반되어 개선되고 확대된 노동자계급의 조직에 비추어 볼 때, 우선 2월혁명의 실천적 경험에 비추어 보고 더 깊게는 프롤레타리아트가 처음으로 두 달 동안 정치권력을 차지했던 빠리꼬뮌의 실천적 경험에 비추어 볼 때, 오늘날 이 강령은 곳곳이 낡은 것이 되어 버렸다. 특히, 꼬뮌은 '노동자계급은 단순히 기성의 국가기구를 접수하여 자기 나름의 목적을 위해 그것을 행사할 수는 없다'라는 것을 증명했다. (『프랑스 내전. 국제노동자협회 총평의회 담화문』, 런던, 트루러브, 1871년, 15쪽을 보라. 거기에는 이에 대해 더 폭넓게 개진되어 있다.) 나아가 자명한 것은, 사회주의 문헌 비판은 1847년까지의 것에만 닿아 있기 때문에 오늘날 보자면 결함이 있다는 것, 그리고 이와 마찬가지로 각각의 반정부 당에 대한 공산주의자들의 입장에 대한 언급들(제Ⅳ편)도 요점은 오늘날에도 여전히 옳다 해도 정치 정세가 완전히 달라졌고 역사 발전이 거기에 열거된 당들 대부분을 세상에서 없애 버렸기 때문에 오늘날 그것을 실행하기에는 이미 낡은 것이 되어 버렸다는 것이다.

그렇다 해도 『선언』은 역사적 문서이며, 우리는 그것을 변경할 권리가 더 이상 우리에게 있는 것은 아니라고 본다."

본 번역은 맑스의 『자본』을 대부분 번역한 사람인 새뮤얼 무어 씨가 한 것이다. 우리는 함께 교정했고, 나는 역사적 사실들을 설명하는 약간의 각주를 덧붙였을 뿐이다.

1888년 1월 30일, 런던
프리드리히 엥겔스

1890년 독일어판 서문

앞에 있는 서문을 쓴 뒤에『선언』의 새로운 독일어 판본이 다시 필요하게 되었으며, 또한『선언』과 관련하여서도 여기서 언급해야 할 여러 가지 일이 일어났다.

두 번째 러시아어 번역 — 베라 자쑬리치 번역 — 이 1882년에 주네브에서 간행되었는데, 거기에 붙인 서문은 맑스와 내가 작성했다. 유감스럽게도 그 독일어 원고가 없어져서[124], 작업이 잘될 리는 만무하겠지만 나는 러시아어로부터 다시 번역해야 한다. 그것은 다음과 같다.

"『공산주의당 선언』 러시아어 초판은 바꾸닌 번역으로 60년대 초에『종』인쇄소에서 나왔다. 당시에는 이 저술의 러시아어판은 서양에게 기껏해야 문헌적으로 진기한 사건이라는 의미를 주었을 뿐이다. 그런 식으로 사태를 파악하는 일은 오늘날에는 가능하지 않을 것이다.『선언』의 최초의 발표 시기(1848년 1월)에 프롤레타리아운동 보급 지역이 얼마나 제한된 범위를 포함하고 있었던가는「각각의 반정부 당에 대한 공산주의자들의 입장」이라는『선언』마지막 장이 극히 잘 보여 주고 있다. 여기에는 무엇보다도 러시아와 합중국이 빠져 있다. 당시는 러시아가 유럽 반동의 최후의 거대한 예비군을 이루고 있던 때였으며, 합중국으로의 이주가 유럽 프롤레타리아트의 여분의 힘을 흡수하던 때였다. 두 나라는 유럽에 원료를 공급하고 있었고, 그러면서도 유럽 공업 생산물들의 판매를 위한 시장의 역할을 하고 있었다. 따라서 두 나라는 이러저러한 방식으로 유럽 사회질서의 버팀목들로 나타났다.

모든 것이 오늘날에는 얼마나 달라졌는가! 바로 유럽에서의 이주가 북아메리카 농업의 엄청난 발전을 가능하게 했으며, 그 발전은 경쟁을 통해 유럽의 대토지 소유와 소토지 소유를 그 근저에서 뒤흔들고 있다. 그 이주는 동시에 합중국에게 풍부한 공업 자원들을 우려먹을 수 있는 가능성을 제공했으며, 게다가 이는 얼마 안 있어 유럽 서부의 공업 독점을 끝장낼 수밖에 없을 정도의 정력과 규모로 이루어졌다. 그리고 이러한 두 가지 사정이 아메리카에도 혁명적인 방향으로 반작용하고 있다. 아메리카의 정치 질서 전체의 기초인 자립적인 농업인들의 중소 규모 토지 소유는 점점 거대 농장과의 경쟁에서 패배하고 있는 한편, 이와 동시에 공업 지대들에서는 처음으로 수많은 프롤레타리아트가 자본들의 거짓말 같은 집적과 나란히 형성되고 있다.

러시아로 가 보자. 1848/49년혁명 시기에는 유럽의 군주들뿐만 아니라 유럽의 부르주아들도, 자신들의 힘을 당시 막 알아채가던 프롤레타리아트로부터의 유일한 구원을 러시아의 개입에서 찾았다. 그들은 짜르를 유럽 반동의 두목으로 선포했다. 오늘날 짜르는 혁명의 포로로 갓치나 궁에 앉아 있으며,[118] 러시아는 유럽 혁명운동의 전위를 이루고 있다.

『공산주의 선언』의 과제는 불가피하게 닥쳐오고 있는, 오늘날의 부르주아적 소유의 몰락을 선포하는 것이었다. 하지만 러시아에서는 한편에서는 열병이 날 정도로 자본주의 질서가 발전하고 있으며 이제 막 부르주아적 토지 소유가 형성되고 있는 것과 나란히, 토지의 태반이 농민들 공동소유다.

이제 다음과 같은 질문이 생긴다. 러시아의 농민 공동체는 비록 물론 야생의 토지 공동소유의 이미 몹시 해체된 형태이기는 하지만 공산주의적 토지 소유라는 더 높은 형태로 직접 이행할 수 있는가? 아니면 서양의 역사 발전에서 나타나고 있는 것과 동일한 해체 과정을 우선 통과해야만 하는가?

이 질문에 대해 오늘날 가능한 유일한 대답은 다음과 같다. 러시아의 혁명이 서양의 노동자혁명의 신호가 되고 그리하여 양자가 서로 보완한다면, 오늘날의 러시아의 공동소유는 공산주의 발전의 출발점 역할을 할 수 있을 것이다.

1882년 1월 21일, 런던."

새로운 폴란드어 번역이 같은 시기에 주네브에서 다음과 같은 제목으로 출판되었다. "Manifesst kommunistyczny".

나아가 새로운 덴마크어 번역이 코펜하겐에서 1885년에 『사회민주주의자 문고』에서 나왔다. 유감스럽게도 그것은 전적으로 완전한 것은 아니어서, 번역자에게 애를 먹였을 것으로 보이는 중요한 몇 곳이 누락되어 있고, 게다가 여기저기에서 날림의 흔적도 볼 수 있는데, 조금만 더 주의를 기울였다면 훌륭한 번역을 할 수 있었음을 그 번역을 보면 알게 되는 까닭에 그런 흔적을 보면 훨씬 더 불쾌한 느낌이 든다.

1886년에 새로운 프랑스어 번역이 빠리의 『사회주의자』에 게재되었는데, 그것은 이제까지 나온 것들 중 최고다.

이 번역에 의거하여 같은 해에 에스빠냐어 번역이 마드리드의『사회주의자』에 처음으로 실렸고, 그 다음에는 다음과 같은 소책자로 나왔다. "Manifiesto del Partido Comunista" por Carlos Marx y F. Engels, Madrid, Administración de "El Socialista", Hernán Cortés 8.

진기한 사건으로 언급해야 할 것은 1887년에 아르메니아어 번역 원고가 콘스탄티노플의 한 출판업자에게 제공되었다는 것인데, 하지만 그 선량한 사람은 맑스의 이름이 박힌 어떤 것을 인쇄할 용기가 없어서 번역자가 차라리 스스로를 저자로 칭했으면 하고 생각했고 그 번역자는 이를 거절했다고 한다.

아메리카에서 번역한 다소 부정확한 이러저러한 번역이 영국에서 여러 차례 다시 인쇄된 후 끝내 1888년에 저자 공인의 번역이 나왔다. 그 번역은 나의 친구 새뮤얼 무어에 의한 것이고, 인쇄 전에 우리 두 사람은 다시 한 번 함께 살펴보았다. 그 표제는 다음과 같다. "Manifesto of the Communist Party", by Karl Marx and Frederick Engels. Authorized English Translation, edited and annotated by Frederick Engels, 1888, London, William Reeves, 185 Fleet St. E. C. 이 판에 붙인 주 몇 개를 나는 본 판에 옮겨 놓았다.

『선언』에게는 그 나름의 인생행로가 있다. 출현한 순간에는 당시에는 아직 소수였던 과학적 사회주의의 전위에 의해 열광적으로 환영받았으며 (최초의 서문에 언급된 번역들이 증명하듯이), 1848년 6월 빠리 노동자들의 패배와 함께 시작된 반동에 의해 곧 뒷전으로 밀렸으며, 마침내 1852년 11월에는 쾰른 공산

주의자들에 대한 유죄 판결에 의해 "법에 따라" 파문이 천명되
었다).[120] 2월혁명으로 거슬러 올라가는 노동자운동의 공식적
인 무대로부터의 퇴장과 더불어 『선언』도 뒷전으로 물러났다.

유럽 노동자계급이 지배계급들의 권력에 대항하여 새로운
돌격을 감행할 만큼 다시 충분히 강해지자 국제노동자협회[121]
가 생겨났다. 협회에게는 유럽과 아메리카의 전체 전투적 노동
자층을 **하나의** 커다란 군단으로 융합한다는 목적이 있었다. 따
라서 『선언』에 적혀 있는 원칙들에서 **출발할** 수는 없었다. 협회
는 영국의 노동조합들, 프랑스, 벨기에, 이딸리아, 에스빠냐 등
지의 프루동주의자들과 독일의 라쌀레파*에게 문호를 닫지 않
는 강령을 가질 수밖에 없었다. 이러한 강령 ―인터내셔널 규약
의 서두― 은 맑스에 의해, 바꾸닌과 무정부주의자들조차 인정
하도록 훌륭한 솜씨로 기초되었다. 『선언』에 개진되어 있는 명
제들의 궁극적 승리와 관련하여, 맑스는 단결된 행동과 토론으
로부터 필연적으로 생겨날 수밖에 없는 노동자계급의 지적 발
전에 전적으로 기대를 걸었다. 자본에 맞선 투쟁들 속에서의 사
건들과 부침은, 성공보다는 오히려 패배가, 투쟁하는 사람들에
게 자신들이 이제까지 지니고 있던 만병통치약들이 부적절한
것임을 명백히 보여 주지 않을 수 없었을 것이었으며, 그들의
머리가 노동자 해방의 참된 조건들에 대한 근본적 통찰에 더 민

---

* 라쌀레는 개인적으로는 항상 우리들에게 자신이 맑스의 "제자"임을 인정했고, 그
러한 제자로서 당연히 『선언』에 기반을 두고 있었다. 국가신용을 받는 생산 협동조합
의 요구를 넘어서지 못하고 노동자계급 전체를 국가 원조 수혜자와 자기 구원자로 나
누는 식의 그의 추종자들과는 달랐던 것이다.

감하게 되도록 만들지 않을 수 없었을 것이었다. 그리고 맑스는 옳았다. 인터내셔널이 해체되던 1874년의 노동자계급은 그 창립기인 1864년의 노동자계급의 상태와는 완전히 달랐다. 라틴계 나라들의 프루동주의, 독일 특유의 라쌀레주의는 단절되어 가고 있었으며, 당시에는 골수 보수였던 영국의 노동조합들조차 1887년 스원시 대회 의장이 노동조합의 이름으로 "대륙의 사회주의는 더 이상 우리에게 두려운 것이 아니다"[122]라고 말할 수 있었던 지점으로 점차 나아갔다. 그런데 대륙의 사회주의, 그것은 이미 1887년에는 거의 『선언』에 고지되어 있는 이론뿐이었다. 그러므로 『선언』의 역사는 어느 정도까지는 1848년 이후의 현대 노동자운동의 역사를 반영한다. 현재 그것은 의심할 여지없이 전체 사회주의 문헌 중에서 가장 널리 보급되어 있는, 가장 국제적인 작품이며, 시베리아에서 캘리포니아에 이르는 만국의 수백만 노동자들의 공통의 강령이다.

그래도 『선언』이 나왔을 때에는, 우리는 그것을 **사회주의** 선언이라고 부를 수 없었다. 1847년에는 사회주의자들이라고 하면, 두 종류의 사람들 가운데 하나로 이해되었다. 한편으로는 다양한 유토피아 체계의 추종자들, 특히 영국의 오언주의자들이나 프랑스의 푸리에주의자들로 이해되었는데, 이들 둘 다 이미 당시에는 점차 사멸해 가는 미미한 종파로 오그라들어 있었다. 다른 한편으로는 잡다하기 그지없는 사회적 돌팔이 의사들로 이해되었는데, 이들은 자본과 이윤에는 전혀 해를 끼치지 않은 채 자신들이 지닌 갖가지 만병통치약과 온갖 종류의 미봉책으로 사회적 폐해들을 제거하고자 했다. 두 경우 모두, 노동자운동의 바깥에 있으면서 차라리 "교양 있는"계급에게 후원을 구하는 사람들이었다. 이와는 반대로 노동자들 중에 단순한 정치변혁의 불충분함을 납득하고 근본적인 사회 개조를 요구한 부분이 있었다면, 그러한 부분은 당시에 자신들을 **공산주의적**이라 불렀다. 그것은 거칠게만 다듬어진, 본능적일 뿐인, 때로는 다소 조잡한 공산주의였지만, 유토피아 공산주의의 두 체계를, 즉 프랑스에서는 까베의 "이까리아" 공산주의를 만들고 독일에서는 바이틀링의 공산주의를 만들어 낼 만큼 충분히 강력한 것이었다. 1847년에는 사회주의는 부르주아운동을 의미했고 공산주의는 노동자운동을 의미했다. 사회주의는 적어도 대륙에서는 품위 있는 것이었고, 공산주의는 바로 그 반대의 것이었다. 그런데 우리에게는 이미 당시에 "노동자들의 해방은 노동자계급 자신의 사업이어야 한다"[123]라는 의견이 매우 단호했기 때문에, 두 명칭 가운데 어떤 것을 택할 것인가에 대해서는 한 순간도 의문의 여지가 없었다. 그 이후로도 우리에게는 그 명칭을 거부할 생각이 전혀 들지 않았다.

"만국의 프롤레타리아여, 단결하라!"지금으로부터 42년 전, 프롤레타리아트가 그 나름의 요구를 들고 등장했던 것으로는 최초인 빠리혁명[115] 전야에 우리가 세상에 대고 이 말을 외쳤을 때에는 극히 적은 목소리만이 응답했다. 그러나 1864년 9월 28일에는 대다수 서유럽 나라들의 프롤레타리아들이, 영광스럽게 회상되는 국제노동자협회로 단결했다. 인터내셔널 자체는 물론 아홉 해 동안만 존속했다. 그러나 인터내셔널에 의해 정초된 만국의 프롤레타리아트의 영원한 동맹은 여전히 살아 있으며, 그

것도 그 어느 때보다 더 힘 있게 살아 있는데, 바로 오늘보다 그 것을 더 잘 증명해 주는 때는 없다. 왜냐하면 내가 이 글을 쓰고 있는 오늘날, 유럽과 아메리카의 프롤레타리아트는 **하나의** 군대로서, **하나의** 깃발 아래, **하나의** 당면 목표를 위하여 처음으로 동원된 자신들의 전투력에 대한 열병閱兵을 행하고 있기 때문이다. 이미 1866년 인터내셔널 주네브 대회에 의해 선포되었고 1889년 빠리 노동자 대회에 의해 다시 한 번 선포된, 법적으로 확립되는 여덟 시간 표준 노동일이라는 목표가 그것이다. 그리고 오늘날의 이 광경은 만국의 자본가들과 지주들로 하여금, 오늘날 만국의 프롤레타리아들이 실제로 단결되어 있다는 사실에 눈뜨게 할 것이다.

맑스가 아직 내 곁에 서서 이것을 자신의 눈으로 볼 수 있다면!

1890년 5월 1일, 런던
프리드리히 엥겔스

1892년 폴란드어 제2판 서문

『공산주의 선언』의 새로운 폴란드어판이 필요하게 되었다는 사실은 여러 가지를 생각하도록 동기를 제공한다.

우선 주목할 만한 것은 『선언』이 최근에 어느 정도는 유럽 대륙의 대공업 발전에 대한 지표가 되었다는 것이다. 어떤 나라에서 대공업이 확장되는 만큼, 그 나라의 노동자들 사이에서도 유산계급에 맞서는 노동자계급으로서의 자신들의 지위의 해명에 대한 요구가 커지며, 그들 사이에 사회주의운동이 확산되며, 『선언』에 대한 수요가 상승한다. 이렇듯 각각의 나라의 노동자운동의 상태뿐만 아니라 대공업의 발전 정도까지도, 각국어로 보급된 『선언』의 부수로 상당히 정확하게 측정할 수 있다.

따라서 새로운 폴란드어판은 폴란드 공업의 결정적 진보를 나타낸다. 그리고 10년 전에 나온 이전의 판 이래로 이러한 진보가 실제로 일어났다는 것에 대하여는 어떠한 의심도 있을 수 없다. 러시아령-폴란드, 즉 회의 폴란드는 러시아 제국의 대공업 지대가 되었다.[125] 러시아의 대공업은 산만하게 분산되어 있는 — 한 부분은 핀란드 만 연안에, 한 부분은 중앙 지역(모스크바와 블라지미르)에, 또 한 부분은 흑해와 아조프 해 연안에, 그리고 그 밖의 것들은 어떤 다른 곳에 흩어져 있다 — 반면에, 폴란드의 대공업은 비교적 작은 공간에 한데 모여 있어서, 이러한 집중으로부터 나오는 이익과 불이익 모두를 받고 있다. 경쟁을 벌이는 러시아 공장주들이 폴란드인을 러시아인으로 변화시키려는 자신들의 애타는 바람에도 불구하고 폴란드에 대한 보호관세를 요구했을 때, 그들은 그 이익을 인정하고 있었던 것이다. 불이익 — 폴란드 공장주들과 러시아 정부 편에서의 불이익 — 은 폴란드 노동자들 사이에서 사회주의이념이 급속도로 보급되고 있다는 것과 『선언』에 대한 수요가 늘어가고 있다는 데서 나타난다.

그런데 러시아 공업을 능가하는 폴란드 공업의 급속한 발전이란, 그 편에서 보자면 폴란드 민족의 파괴될 수 없는 생명력의 새로운 증명이요, 다가오는 그들의 국민적 재건의 새로운 보증이다. 그런데 독립된 강력한 폴란드의 재건은 폴란드인뿐만 아니라 우리 모두와 관계되는 일이다. 유럽 국민들의 올바른 국제적 협력은 이들 각각의 국민이 자국에서 완전히 자율적일 때만 가능하다. 1848년의 혁명은 프롤레타리아의 깃발 아래에서 프롤레타리아 전사들로 하여금 결국 부르주아지의 과업만을 행하도록 했는데, 그 혁명도 그 유언 집행자들인 루이 보나빠르뜨와 비스마르크를 통해 이딸리아, 독일, 헝가리의 독립을 성취시켰다.[126] 폴란드는 1792년 이래로 이 세 나라를 모두 합친 것보다 혁명을 위해 더 많은 일을 수행했는데도, 그 폴란드가 1863년에 열 배나 되는 러시아의 막강함에 굴복했을 때에 사람들은 방관했다.[127] 폴란드 독립은 귀족이 유지할 수도 없었고 다시 쟁취할 수도 없었으며, 부르주아지에게 독립이란 오늘날 최소한 아무래도 상관없는 일이다. 그렇다 해도 폴란드 독립은 유럽 국민들의 조화로운 협력을 위하여 필수적인 것이다. 폴란드 독립은 젊은 폴란드의 프롤레타리아트에 의해서만 쟁취될 수 있고, 또 그것은 그들 수중에서 소중히 간직될 수 있다. 왜냐하면 그 밖의 유럽 전체의 노동자들이 폴란드 노동자 자신들과 마찬가지로 폴란드 독립을 필요로 하기 때문이다.

1892년 2월 10일, 런던
프리드리히 엥겔스

이딸리아 독자들에게
[1893년 이딸리아어판 서문]

『공산주의당 선언』은 정확히 1848년 3월 18일에 나왔다고 할 수 있는데, 이는 유럽 대륙의 중앙과 지중해 중앙에 있는 두 국민들이 봉기한 밀라노혁명 및 베를린혁명과 때를 같이하는 것이며, 그 두 국민들은 그때까지 분할과 내분으로 약화되어 외국의 지배 아래 놓여 있었다.[115] 이딸리아가 오스트리아 황제의 예속 아래 있었던 것에 반해, 독일은 모든 러시아인의 짜르의 좀 더 간접적이기는 하지만 그에 못지않은 효력을 발휘하는 멍에를 지고 있었다. 1848년 3월 18일의 결과들은 이딸리아와 독일 모두를 이러한 오욕에서 벗어나게 했으며, 이 두 위대한 국민들이 1848년부터 1871년까지 재건되고 어느 면에서는 예전의 자신으로 돌아갔던 것은 맑스가 말했듯이 1848년의 혁명을 진압했던 사람들이 본의 아니게 이 혁명의 유언 집행자들이 되었기 때문이다.[128]

어디에서나 혁명은 노동자계급의 일이었으니, 바리케이드를 쌓아 올리고 목숨을 내건 것은 노동자계급이었다. 정부를 타도하면서 부르주아지 체제를 타도한다는 매우 명확한 의도는 빠리 노동자들에게만 있었다. 그러나 그들이 자신의 계급과 부르주아지 사이의 숙명적인 적대를 의식했다 하더라도, 그 나라의

CARLO MARX e FEDERICO ENGELS
—

IL MANIFESTO

DEL

PARTITO COMUNISTA

CON UN NUOVO PROEMIO AL LETTORE ITALIANO

FEDERICO ENGELS

Centesimi 25

MILANO
Uffici della CRITICA SOCIALE
Portici Galleria, N. 23
—
1893

1893년 이딸리아어판 표지

경제적 진보도, 프랑스 노동자 대중의 지적 발전도, 사회 재건을 가능하게 하기에는 불충분했다. 그리하여 혁명의 열매들은 최종적으로는 자본가계급 수중에 들어가고 말았다. 다른 나라들에서는, 즉 이딸리아, 독일, 오스트리아에서는[129], 노동자들은 사실상 부르주아지가 권력을 갖도록 하는 것 말고는 달리 하는 것이 없었다. 그러나 어떤 다른 나라에서도 부르주아지 지배는 국민적 독립 없이는 불가능하다. 그리하여 1848년의 혁명은 그때까지 사유화되어 있던 국민들인 이딸리아, 독일, 헝가리에 통일과 자율을 가져왔다. 폴란드는 순서가 되면 그 뒤를 따를 것이다.

이렇듯 1848년의 혁명은 사회주의혁명은 아니었다 해도 사회주의혁명의 길을 닦았고 그 기반을 준비했다. 각각의 나라에 있던 대공업의 약진과 더불어, 부르주아지 체제는 지난 45년 동안 다수의 집중된 강력한 프롤레타리아트를 도처에서 만들어 냈으니, 『선언』의 표현을 빌리자면, 자기 자신의 무덤을 파는 사람들을 생산한 것이다.[130] 각각의 국민에게 자율과 통일이 되돌려지지 않는다면, 프롤레타리아트의 국제적 단결도, 공동의 목표를 향한 이들 국민들의 평화적이고 현명한 협력도 일어나는 것을 보지 못했을 것이다. 1848년 이전 정치적 상황에서 이딸리아, 헝가리, 독일, 폴란드, 러시아 등지의 노동자들이 공동으로 펼치는 국제적 행동이란 것을 한번 상상해 보라!

이렇듯 1848년의 전투들은 헛된 것이 아니었고, 우리를 저 혁명적 시기로부터 떼어놓는 45년 또한 헛된 것이 아니었다. 그 열매들은 익어 가고 있으며, 내가 바라는 모든 것이란 원본의 출판이 국제적인 혁명의 전조가 되었던 것과 마찬가지로 이 이 딸리아어 번역본의 출판도 이딸리아 프롤레타리아트의 승리의 전조가 되는 것뿐이다.

『선언』은 자본주의가 과거에 행한 혁명적 역할을 완전히 정 당한 것으로 만들고 있다. 최초의 자본주의 나라는 이딸리아였 다. 봉건적 중세의 종결과 현대 자본주의 시대의 개막은 한 위 대한 인물로 표시된다. 중세 최후의 시인이면서 현대 최초의 시 인이기도 했던 이딸리아인 단떼를 가리키는 것이다. 오늘날, 1300년경과 마찬가지로 하나의 새로운 역사적 시대가 작동되 기 시작하고 있다. 이딸리아는 이 새로운 프롤레타리아 시대의 탄생을 알릴 새로운 단떼를 우리에게 보내 줄 것인가?

1893년 2월 1일, 런던

프리드리히 엥겔스

역자 주

[1] 저자들은 유럽 지배자들이 국적은 물론이고 종교나 정치적 색채 따위
도 넘어 공산주의에 공동으로 대응하고 있는 상황을 '신성동맹'에 비
유하고 있다. 1815년 6월에 나뽈레옹 1세의 프랑스군이 벨기에 와털로
Waterloo(영어 발음 '워털루')에서 영국이 이끄는 연합 부대에게 패배
하자 옛 유럽 체제를 유지하기 위해 러시아, 오스트리아, 프로이센 사
이에 수립된 것이 신성동맹이다.

[2] 교황 피우스 9세Pius Nonus(1846~1878 재위)는 회칙을 반포하여 사회
주의와 공산주의를 배척하라고 주교들에게 지시했다. 가톨릭과 대
립하던 그리스정교회의 나라 러시아에서 짜르 니꼴라이 1세Николай I
(1825~1855 재위)는 신성동맹 시절부터 1848년까지 '유럽의 헌병'
을 자처하며 혁명운동이 퍼지는 것을 막았다.

여기서 말하는 "프랑스의 급진파"란 정권에서 소외되어 있던 공화주
의적 산업부르주아지 일파를 가리키며, 이들은 1830년 7월혁명으로
오를레앙 왕조Orléanais가 들어선 이후 일간지 『국민Le National』을 발간
했다. 1848년혁명 이후에는 헌법제정국민의회에서 다수파가 되었고
1848년 6월봉기가 진압된 이후 온건파가 되었다.

[3] 1847년 11월 29일부터 런던에서 열린 공산주의자동맹 제2차 대회 결
정 사항을 말한다.

플라망어는 벨기에 플랑드르에서 사용하는 변형된 네덜란드어다.

[4] 부르주아bourgeois는 중세 프랑스에서 성으로 둘러쳐진 도시bourg에 살
던 주민을 가리키던 말이다. 대개 의술이나 공예술로 생활했으며, 사
회적 지위는 지주와 농노의 중간이었다. 부르주아지borgeoisie는 부르
주아의 집합명사다. 프롤레타리아proletaria는 고대 로마에서 가난한 시
민을 가리키던 말이었으며, 그 뜻은 "자식을 낳는 사람"이다. 프롤레

타리아트proletariat는 프롤레타리아의 집합명사다. 현대 자본가계급과
현대 노동자계급을 각각 부르주아지와 프롤레타리아트에 비유하여
부르는 것이 1840년대 후반에 일반적이었는지 아니면 맑스와 엥겔스
에게 독특한 것인지는 확인할 수 없다.

[5] 파트리키우스patricius란 초기 로마에서 특권을 지닌 시민계급을 말하
며, 플레브스plebs란 이와 구분되는 일반 시민을 말한다. 플레브스는
원로원 의원은 물론이고 군사호민관을 제외한 어떤 공직도 맡을 수
없었으며, 기원전 445년까지는 파트리키우스와 혼인하는 것도 금지
되었다. 플레브스는 이러한 불평등을 폐지하기 위해 별도의 자치단
체를 조직하고 독자적인 의회와 독자적인 공직자를 선출하려 했으
며, 이러한 투쟁은 기원전 287년 퀸투스 호르텐시우스라는 플레브스
가 비상시 최고 권력자인 딕타토르로 임명되는 것으로 마무리되었
다.

[6] 쭌프트Zunft란 중세 독일에서 수공업자나 상인들이 설립한 동업조합
이다. 장인 아래에서 도제와 직인의 시기를 거치며 수업을 받아야 정
식 회원이 될 수 있었다. 1888년 영어판에는 쭌프트가 길드guild로 번
역되어 있다.

[7] 1888년 영어판에는 "직인"과 "농노" 사이에 "도제"가 삽입되어 있다.

[8] 중세에 도시 영역의 경계를 나타내는 푯말Grenzpfahl 외부에 거주하
지만 도시 시민권을 얻은 주민을 Pfahlbürger라 불렀다. 이와 달리 도
시 내부에 거주하던 주민은 방위를 위해 창Spieß으로 무장하고 있
었다 하여 Spießbürger라 불렀다. 이 두 단어는 점차 그 뜻이 바뀌어,
Pfahlbürger는 부르주아지의 문화적 수준에는 도달하지 못한 농촌
출신의 도시민을 뜻하게 되었고 Spießbürger는 편협하고 고루한 속
물을 가리키게 되었다. 이 책에서는 Pfahlbürger는 '성외시민'으로,
Spießbürger는 '속물'로 번역했다.

1888년 영어판에는 Pfahlbürger는 대개 "특허 도시민chartered burger"이
나 그냥 "도시민burger"으로, Spießbürger는 "속물Philistine"이나 "하찮은
속물petty philistine"로 되어 있다. 1888년 영어판이 이와 다른 경우에는
역자 주에서 밝혀 두었다.

[9] 1888년 영어판에는 "이제까지의 봉건적 또는 쭌프트적 공업 경영 방식"이 "폐쇄된 길드에 공업 생산이 독점되어 있던 봉건적 공업 체계"로 되어 있다.

[10] 1888년 영어판에는 이곳과 이하에서 "공업 중간신분"이 "공업 중간계급"으로 되어 있다. 엥겔스가 1845년 저작 『잉글랜드 노동계급의 처지』「서문」에서 밝힌 바에 따르면, "중간계급Mittelklasse이라는 말"은 "영어의 middle-class"라는 뜻으로 쓴 것이며, 이는 "프랑스어 부르주아지와 마찬가지로 유산계급, 특히 이른바 귀족과 구별되는 유산계급"을 의미한다. 말하자면 이 책에서 말하는 "중간신분"이나 "중간계급"에서의 '중간'이란 귀족과 하층민의 중간인 셈이다.

[11] 1888년 영어판에는 "대공업"이 "현대 공업"으로 되어 있다.

[12] 1888년 영어판에는 "정치적 진보"가 "그 계급의 정치적 진보"로 되어 있다.

[13] 1888년 영어판에는 "피억압자 신분"이 "피억압자 계급"으로 되어 있으며, "독립적인 도시 공화국"과 "제3신분" 뒤에 각각 "(이딸리아와 독일에서처럼)"과 "(프랑스에서처럼)"이 삽입되어 있으며, "매뉴팩처 시기"가 "고유한 의미의 매뉴팩처 시기"로, "신분제 군주국"이 "반半봉건적 군주국"으로 되어 있다.

[14] 1890년 독일어판을 제외한 모든 판에는 "다른"이 "이전으로" 되어 있다.

[15] 1888년 영어판에는 "신분적인 것과 정체적인 것"이 "견고한 것"으로 되어 있다.

[16] 괴테Johann Wolfgang von Goethe에 따르면, 번역이나 비평 또는 서로 다른 문학 전통의 융합을 통해 세계문학Weltliteratur이 이루어지며 세계문학의 목표는 상호 이해와 존중을 바탕으로 문화를 진보시키는 것이다.

[17] 『창세기』 제1장 27절 "하나님이 자기 형상 곧 하나님의 형상대로 사람을 창조하시고"의 패러디로 보인다.

[18] 1888년 영어판에는 이 문장이 삭제되어 있다.

[19] 마법사 이야기는 괴테의 시 『견습생 마술사Der Zauberlehling』에서 힌트

를 얻은 것으로 보인다. 물을 길어야 하는 견습생 마술사가 스승 몰래 마술을 부려 그 일을 처리하려다가 멈추게 하는 방법을 몰라 온통 물바다가 되었고 스승이 사태를 수습한다는 내용이다.

[20] 1888년 영어판에는 "사회적 전염병"이 "전염병"으로 되어 있다.

[21] 1848년 독일어판에는 "섬멸전"이 "황폐화 전쟁"으로 되어 있다.

[22] 1848년 독일어판에는 "부르주아적 소유관계들"이 "부르주아 문명과 부르주아적 소유관계들"로 되어 있다.

[23] 1888년 영어판에는 "현대 노동자들"이 "현대 노동자계급"으로 되어 있다.

[24] 저자들은 여기서 노동자가 자본가에게 임금을 받고 판매하는 것을 '노동'이라고 보고 있다. 그러나 후에 연구를 통해 매매 대상이 '노동'이 아니라 '노동력'임을 밝혔다.

[25] 1888년 영어판에는 "양"이 "수고"로 되어 있다.

[26] 1890년 독일어판을 제외한 모든 판에는 "목적"이 "최후 목적"으로 되어 있다.

[27] 1848년 독일어판에는 "여성 노동"이 "여성 노동과 아동 노동"으로 되어 있다.

[28] 1888년 영어판에는 "이제까지의 소중간신분들"이 "중간계급 하층"으로 되어 있다.

[29] 1888년 영어판에는 "소금리생활자들"이 "소금리영리자들 일반"으로 되어 있다.

[30] 1888년 영어판에는 "부르주아적 생산관계들에 가할 뿐만 아니라 생산도구들 자체에도 가하며"가 "부르주아적 생산관계들에 가하는 것이 아니라 생산도구들 자체에 가하며"로 되어 있다.

[31] 노동자들이 자신들 처지의 악화를 기계 도입의 탓으로 돌려 기계를 파괴한 운동은 18세기에도 있었지만 본격적으로 시작된 것은 1811년 말 영국 노팅엄과 그 주변 지역이다. 이 운동은 전설에 등장하는 네드 러드Ned Ludd의 이름을 딴 러드 왕King Ludd을 추종하는 사람들, 곧 러다이트Luddites가 일으켰다 하여 "러다이트운동"이라고 불린다.

[32] 1888년 영어판에는 "대중"이 "지리멸렬한 대중"으로 되어 있다.

[33] 1888년 영어판에는 "연합체들" 뒤에 "(노동조합들)"이 삽입되어 있다.

[34] 1847년 영국에서는 휘그당Whigs 주도로 곡물법이 폐지되고 자유무역이 선포되자 이에 반발한 토리당Tories이 랭카셔 면방적공의 노동시간단축위원회가 주도한 「10시간 노동일에 관한 법률」을 통과시켰다. 이 법에 따르면 아동과 여성의 하루 노동시간은 10시간을 넘지 못한다.

[35] 1888년 영어판에는 "교양 요소들"이 "정치적, 일반적 교육 요소들"로 되어 있다.

[36] 1888년 영어판에는 "대량의 교양 요소들"이 "계몽과 진보의 신선한 요소들"로 되어 있다.

[37] 1888년 영어판에는 "중간신분들"이 "중간계급 하층"으로 되어 있다.

[38] 1888년 영어판에는 "룸펜프롤레타리아트"가 "'위험한 계급', 사회적 찌꺼기"로 되어 있다.

[39] 1888년 영어판에는 "이제까지의 모든 사적 안녕과 사적 보장"이 "개인 재산에 대한 이전의 모든 보장과 보증"으로 되어 있다.

[40] 1888년 영어판에는 "운동"이 "역사적 운동"으로 되어 있다.

[41] 1888년 영어판에는 "자립적인"이 "자기 의식적이고 자립적인"으로 되어 있다.

[42] 1888년 영어판에는 "사인 수중으로의 부의 누적"이 삭제되어 있다.

[43] 1888년 영어판에는 "특수한"이 "종파적인"으로 되어 있다.

[44] 1888년 영어판에는 "가장 단호하고"가 "가장 선진적이며 가장 단호하고"로 되어 있다.

[45] 1888년 영어판에는 이 문장이 "과거의 모든 소유관계는 역사적 조건의 변화에 따른 역사적 변화에 끊임없이 놓여 있어 왔다"로 되어 있다.

[46] 1888년 영어판에는 "일부에 의한 다른 일부의 착취"가 "소수에 의한 다수의 착취"로 되어 있다.

[47] 1888년 영어판에는 "소부르주아적"이 "소산업가적"으로 되어 있다.

[48] 1888년 영어판에는 "사적 소유"가 "소수를 위한 사적 소유"로 되어

있다.

[49] 1888년 영어판에는 "부르주아적 소유로"가 "부르주아적 소유로, 자본으로"로 되어 있다.

[50] 1888년 영어판에는 "폐지되어야"가 "폐지되고 불가능하게 되어야"로 되어 있다.

[51] 1888년 영어판에는 이곳과 이하에서 "교양"이 "문화"로 되어 있다.

[52] 1888년 영어판에는 "부르주아적 소유의 철폐"가 "우리가 의도하는 부르주아적 소유의 철폐"로 되어 있다.

[53] 1888년 영어판에는 "너희네 계급의 물질적 생활 조건들 속에 그 내용이 주어진"이 "그 본질적 성격과 방향이 너희네 계급의 경제적 조건들에 의해 결정되는"으로 되어 있다.

[54] 1888년 영어판에는 "몰락한 모든 지배계급"이 "너희들에 선행했던 모든 지배계급"으로, "이해관계에 따른 표상"이 "이기적인 잘못된 생각"으로 되어 있다.

[55] 1888년 영어판에는 "국민적 계급"이 "국민의 지도적 계급"으로 되어 있다.

[56] 1848년 독일어판에는 "국가 내부에서"가 "국가들 내부에서"로 되어 있다.

[57] 1888년 영어판에는 "생활 관계"가 "물질적 생활 조건"으로 되어 있다.

[58] 1888년 영어판에는 "계몽 이념"이 "합리주의 이념"으로 되어 있다.

[59] 1848년 독일어판에는 "지식 영역"이 "의식 영역"으로 되어 있다.

[60] 1888년 영어판에는 "정치 이념"과 "등등"이 삭제되어 있다.

[61] 1888년 영어판에는 "정치"가 "정치학"으로 되어 있다.

[62] 1888년 영어판에는 "의식 형태들"이 "일반적 사상들"로 되어 있다.

[63] 1888년 영어판에는 이 뒤에 "낡은 사회질서를 더한층 침해하는 것이 필요한"이 삽입되어 있다.

[64] 1888년 영어판에는 "몰수"가 "폐지"로 되어 있다.

[65] 1888년 영어판에는 "누진세"가 "누진소득세"로 되어 있다.

[66] 1888년 영어판에는 "수송 제도"가 "통신 및 교통수단"으로 되어 있

다.

[67] 1848년 독일어판에는 "차이"가 "모순"으로 되어 있다.

[68] 1888년 영어판에는 "도시와 농촌의 차이를 점차 제거하기 위한 노력"이 "전국에 걸쳐 주민에게 더 균등하게 배분함으로써 도시와 농촌의 차이를 점차 제거하기 위한 노력"으로 되어 있다.

[69] 1888년 영어판에는 "연합된 개인들"이 "전국에 걸친 방대한 연합체"로 되어 있다.

[70] 1830년 7월 27일에서 29일에 걸쳐 벌어진 빠리의 노동자, 소부르주아, 대학생들의 시위로 샤를르 10세Charles X가 퇴위함으로써, 13세기부터 시작되어 나뽈레옹 지배로 잠시 중단되었던 부르봉 왕조Les Bourbons의 지배가 끝났다. 이 7월혁명은 여러 나라의 진보적인 여론에 강한 반향을 불러일으켜, 벨기에, 폴란드, 이딸리아 등지에서 민족해방을 위한 봉기가 일어나도록 자극했다. 하지만 프랑스에서는 당시의 혼란을 이용하여 금융부르주아지가 루이 필립Louis Philippe을 "시민왕Le Roi du citoyen"이라는 이름으로 추대하면서 오를레앙 왕조 Orléanais의 지배가 시작되었다.

[71] 영국에서 벌어진 선거법 개정 운동을 말한다. 의회 진출을 노리던 영국 산업부르주아지의 이 운동은 마침내 선거법 개정안이 1831년에 의회를 통과하고 1832년에 왕에 의해 확정되는 성과를 얻었다. 이로써 토지 귀족의 정치적 독점은 붕괴되었지만, 노동자들과 소부르주아들에게는 여전히 의원에 선출될 권리가 없었다.

[72] 영국에서는 1649년혁명으로 공화정이 수립되었다가 1660년에 찰스 2세Charles II가 왕위에 복귀함으로써 왕정이 복고되었으나, '명예혁명Glorious Revolution'을 통해 윌리엄 3세William III가 1689년에 제임스 2세James II를 몰아냄으로써 왕정이 폐지되었다. 프랑스에서는 1814년 나뽈레옹의 몰락으로 루이 18세Louis XVIII가 왕위에 올랐다가 1830년 7월혁명으로 부르봉 왕조의 지배는 다시 막을 내렸다.

[73] 1888년 영어판에는 "다소 섬뜩한 예언"이 "다가올 재난에 대한 섬뜩한 예언"으로 되어 있다.

[74] 프랑스의 정통왕조파Legitimeste란 1789년 프랑스혁명이 일어나기 전

까지 프랑스를 지배하던 부르봉 왕조와 이를 지지한 세력을 말하며, 이들은 세습적 토지 귀족의 이해관계를 대변했다.

[75] 토지 귀족의 이해관계를 대변하던 토리당 내부에서 1842년에 디즈레일리Benjamin Disraeli를 중심으로 형성된 청년 단체인 청년영국Young England은 산업부르주아지가 권력을 독점하지 못하도록 노동자들 사이에서 영향력을 얻기 위해 노력했다.

[76] 1888년 영어판에는 "황금 사과"가 "산업의 나무에서 떨어진 황금 사과"로 되어 있다. 고대 신화에서 황금 사과는 불멸인 신의 것으로 등장한다.

[77] 1888년 영어판에는 "봉건파"가 "지주"로 되어 있다.

[78] 1848년 독일어판에는 "기독교 사회주의"가 "오늘날의heutige 사회주의"로 되어 있다. 이는 '신성한heilige'을 잘못 쓴 것으로 보이며, 똑같은 실수가 1848년 독일어판 여기저기에서 발견된다.

[79] 1888년 영어판에는 "이 계급"이 "이들 두 계급"으로 되어 있다.

[80] 1888년 영어판에는 "노동 감시자와 머슴들"이 "감시자, 농장 관리인, 점원"으로 되어 있다.

[81] 1888년 영어판에는 "소부르주아층"이 "이들 중간계급"으로 되어 있다.

[82] 1888년 영어판에는 "집적"이 "소수 수중으로의 집적"으로 되어 있다.

[83] 1888년 영어판에는 이 문장이 "결국, 확고한 역사적 사실들이 자기기만의 모든 도취 효과를 쓸어버렸을 때, 이러한 형태의 사회주의는 우울증의 가련한 발작으로 끝나 버렸다"로 되어 있다.

[84] 1888년 독일어판에는 이 부분이 "그것은 인간 본질의 실현에 관한, 진정한 사회에 관한 한가한 사변"으로 되어 있다.

[85] "고대 이교도 시대"란 로마에서 콘스탄티누스 황제가 313년에 기독교로 개종하기 직전에 기독교를 박해하던 시대를 말하며, "성도전"이란 고대 유대인이 구약을 셋으로 구분한 것 가운데 마지막 것으로 성문서聖文書라고도 한다.

[86] 1888년 영어판에는 "화폐 관계들"이 "화폐의 경제적 기능들"로, "추상

적 일반자의 지배의 지양"이 "보편 범주의 퇴위"로 되어 있다.

[87] 1888년 영어판에는 "설명"이 "역사적 비판"으로 되어 있다.

[88] 1888년 영어판에는 "물질적"이 "경제적"으로 되어 있다.

[89] 융커Junker란 지주의 권리와 영주의 권리를 모두 갖고 있던 독일의 대토지 소유자를 말하며, 특별하게는 봉건제 잔재가 보존되면서 자본주의적 경영 형태를 도입한 엘베 동부 지방의 토지 귀족을 가리키기도 한다.
1888년 영어판에는 "독일의 절대주의 정부들에게"가 "절대주의 정부들에게"로 되어 있다.

[90] 1888년 영어판에는 이 뒤에 "바로 그때"가 삽입되어 있다.

[91] 1888년 영어판에는 "성외시민층"이 "소부르주아 속물"로 되어 있다.

[92] 1888년 영어판에는 "속물"이 "하찮은 속물"로 되어 있다.

[93] 1888년 영어판에는 "현대사회의 생활 조건들"이 "현대사회의 조건들의 모든 이점"으로 되어 있다.

[94] 1888년 영어판에는 "하나의 체계"가 "다양한 체계"로 되어 있다.

[95] 1888년 영어판에는 "새로운 예루살렘"이 "새로운 사회적인 예루살렘"으로 되어 있다.

[96] 1888년 영어판에는 "그 사회에 대해"가 "부르주아지와 관련하여"로 되어 있다.

[97] 1888년 영어판에는 "독거 감옥"이 "감옥 개혁"으로 되어 있다.

[98] 1888년 영어판에는 "부르주아 사회주의"가 "그들의 사회주의"로 되어 있다.

[99] 1888년 영어판에는 "물질적 조건들"이 "경제적 조건들"로 되어 있으며, "그때가 아닌 바로 부르주아 시기의 산물일 뿐이다"가 "임박한 부르주아 시대에 의해 생산될 뿐이다"로 되어 있다.

[100] 'I 부르주아와 프롤레타리아'를 말한다.

[101] 1888년 영어판에는 이 앞에 "비록 아직 유년기에 있긴 하지만"이 삽입되어 있다.

[102] 1888년 영어판에는 "사회과학"과 "사회법칙" 앞에 각각 "새로운"이 삽입되어 있다.

[103] 1888년 영어판에는 "사회적 활동"이 "역사적 활동"으로 되어 있고, "점진적으로" 뒤에 "자연 발생적으로"가 삽입되어 있고, "특별히 부화된"이 "이들 발명가들에 의해 특별히 고안된"으로 되어 있다.

[104] 1888년 영어판에는 "미래 사회에 대한 실제적인 명제들"이 "그들에 의해 제안된 실천적 방책들"로 되어 있다.

[105] 1888년 영어판에는 "계급투쟁"이 "현대의 계급투쟁"으로 되어 있다.

[106] 1888년 영어판에는 "미신"이 "신념"으로 되어 있다.

[107] 차티스트Chartist란 1836년부터 남자 보통선거권, 비밀투표, 1년 주기의 의회 선거, 의원 재산 자격 폐지, 세비 지급, 평등한 선거구 따위를 요구하는 인민 헌장the People's Chart의 실현을 위해 운동을 벌인 사람들을 말한다. 이 운동은 1848년에 정점에 달했으나, 1850년대 들어 호황과 노동조합운동의 성장으로 점차 쇠퇴했다. 프랑스의 개혁주의자들이란 일간지『개혁』을 중심으로 한 세력을 말한다.

[108] "북아메리카의 토지 분배 개혁파"란 1845년에 설립된 전국개혁협회National Reform Association를 말하며, 그 핵심은 아메리카의 수공업자와 노동자들의 조직이었던 청년아메리카Young America였다. 이들은 노동자들에게 국유지 160에이커씩을 분배하자고 했으며, 10시간 노동일 실시, 노예제 폐지, 상비군 폐지도 주장했다.

[109] 1888년 영어판에는 "대변한다"가 "대변하고 배려한다"로 되어 있다.

[110] 당시 프랑스의 "보수적 부르주아지"와 "급진적 부르주아지"란 각각『국민Le National』파와 국민의회의 산악파Montagne를 말한다.

[111] 베벨과 리프크네이트 주도로 1869년에 창립된 사회민주주의노동자당Sozialdemokratische Arbeiterpartei, 이 당이 1875년 라쌀레파의 전독일노동자협회Allgemeinen Deutschen Arbeitervereins와 합당하며 설립된 독일사회주의노동자당Sozialistischen Arbeiterpartei Deutschlands, 사회주의자에 대한 법적 탄압을 이겨낸 뒤인 1890년의 독일사회민주주의당 Sozialdemokratische Partei Deutschlands 따위를 말한다.

[112] 가톨릭 보수주의에 맞서 옥센바인Ullrich Ochsenbein이 주도한 베른 급

진파Berner Radikale를 말하며, 이들은 보수적인 주canton 모두를 포함
한 연방국가 수립과 예수회 금지 등을 요구했다.

[113] 1846년 2월에 폴란드의 크라쿠프Kraków에서 템보프스키Edward
Dembowski 주도로 폭동이 일어나 폴란드공화국국민정부Rząd Narodowy
Rzeczpospolitej Polskiej를 선포하며 농노 해방, 토지 분배, 민족적이고 자
주적인 폴란드 건설을 목표로 제시했다. 그러나 일주일도 못 되어
오스트리아 군대에 진압되었다. 한편, 같은 시기에 공산주의자동맹
전신 의인동맹과 연계되어 있던 폴란드민주주의협회 역시 무장봉
기를 시도했으나 사전에 발각되었고, 크라쿠프 투쟁에 합류하였다.
엥겔스가 말하는 "크라쿠프폭동을 일으킨 당"은 폴란드민주주의협
회를 가리키는 듯하다.

[114] 1888년 영어판에는 "봉건적 토지소유"가 "봉건적 지역 유지"로 되
어 있다.

[115] 1848년 2월 22일에서 25일까지 빠리의 노동자, 수공업자, 대학생들
이 루이-필립의 부르주아 입헌군주제를 타도하고 공화국을 선포했
다. 이로 인해 프랑스 제2공화정이 시작되었고, 유럽의 1848년혁명
이 시작되었다. 그 여파로 독일, 오스트리아, 이딸리아 등지에서도
혁명이 일어났다.

[116] 1848년 6월 23일부터 26일까지 빠리에서 부르주아지와 프롤레타리
아 사이에 최초의 대결이 벌어져, 프롤레타리아트는 소부르주아지
와 농민들로부터 고립되어 진압되었다. 이 봉기 이후에 반혁명 대
오가 정비되어 유럽 전체에서 혁명의 전환점이 되었다.

[117] 1871년 3월 18일부터 5월 28일까지 빠리의 노동자계급이 역사상 처
음으로 권력을 잡아 정부를 구성했던 빠리꼬뮌la commun de Paris은 낡
은 국가기구의 분쇄, 인민의 평등한 피선거권과 모든 국가 공무원
에 대한 파면권, 입법부와 행정부의 분리, 인민 무장에 의한 기존
군대의 대체 따위와 같은 매우 중요한 정치적 조처들을 취했다. 명
백한 정치적 구상이 부족했고 지도적인 세력이 없었던 탓에 반혁명
세력에게 진압되었고, 그 후에도 약 3만 명의 꼬뮌 참가자들이 처형
되었다.

두 저자가 인용하는 『프랑스 내전. 국제노동자협회 총평의회 담화
문』 전문을 번역한 것이 안효상 번역 『프랑스 내전』(박종철출판사)
이며, 이는 『칼 맑스 프리드리히 엥겔스 저작선집』(박종철출판사)
제4권에도 실려 있다. 1888년 영어판 서문(이 책 72쪽)에는 조금 다
르게 인용되어 있다.

[118] 1881년 알렉싼드르 2세가 '인민의 의지' 조직원들에게 살해되자 그
의 아들 알렉싼드르 3세는 테러를 피해 성 뻬쩨르부르크 주변의 갓
치나 궁으로 피신했다.

[119] '옵시나oбщина'는 공동체를 뜻하는 러시아어다.(러시아의 촌락공
동체를 '미르мир'라고도 부르는데, 미르는 '세계'를 뜻하기도 한
다.) 원칙적으로 지연에 따라 형성되는 이 공동체에서 가옥은 사적
소유이지만 경지는 일정한 기간마다 성원 사이에 재분배되었다. 19
세기 후반과 20세기 초반에 러시아의 인민주의자들('나로드니끼')
은 이 촌락공동체를 근거로 러시아가 자본주의 단계를 거치지 않고
도 사회주의로 이행할 수 있다고 주장했다.

[120] 1848년 독일 혁명이 제압된 후 귀족을 중심으로 한 반동 세력이
민중운동, 특히 노동자운동에 대한 대대적인 탄압을 개시했으며,
1851년 5월 10일부터 공산주의자동맹 중앙위원 11인 전원이 체포
되기에 이르렀다. 다음해 10월에 이에 대한 재판이 시작되었는데,
프로이센 비밀경찰이 날조한 문서에 따라 이루어진 이 재판으로 7
인이 중형을 선고받았다.

[121] 국제노동자협회International Workigmen's Association는 1864년 9월 28일 런
던에서 창립되었다. '인터내셔널'이라고도 부른다. 맑스는 처음부
터, 엥겔스는 1870년부터 인터내셔널의 상설 지도 기관인 총평의회
위원이었다. 국제노동자협회는 유럽 대부분의 나라들과 아메리카
합중국에 영향력을 가진 최초의 프롤레타리아트 국제 대중 조직이
었으며 다양한 형태로 프롤레타리아 국제주의를 실현했다. 1872년
헤이그 대회에서 총평의회를 뉴욕으로 이전할 것을 결의했고, 1876
년 필라델피아 회의에서 해체를 공식적으로 선언했다. 후에 몇 차

례 재건되기도 하여, 이때의 국제노동자협회를 '제1인터내셔널'이라고 한다.

[122] 1887년 9월에 웨일스 스완지에서 열린 노동조합 총회에서 의장 베번W. Bevan이 한 말이다.

[123] 「국제노동자협회 임시규약」 첫 문장 "노동자계급의 해방은 노동자계급 스스로 전취해야 한다"를 말하는 것이다.

[124] 엥겔스가 잃어버렸던 원고는 훗날 발견되었다.

[125] 1815년에 체결된 빈 회의 최종 의정서에 따라 폴란드는 러시아, 프로이센, 오스트리아에 의해 재분할되었고, 이때 러시아는 분할 이전 폴란드 영토의 82%를 차지하며 짜르를 국왕으로 하여 러시아와 영구히 결합되는 폴란드왕국을 세웠다. 이 명목상의 폴란드를 '회의 폴란드' 또는 '회의 왕국Królewstwo Kongresowe'이라 부른다.

[126] 1814-1815년 빈 회의 후 이딸리아는 몇 개의 왕국과 공국으로 나뉘었다가, 나뽈레옹 3세 때인 1851년에 프랑스가 사르데니아와 동맹하여 오스트리아를 패배시켜 이딸리아는 사르데니아 패권 아래 통일을 시도할 수 있었다. 38개 연방으로 나뉘어 있던 독일은 1866년 프로이센-오스트리아 전쟁과 1870년 프로이센-프랑스 전쟁 이후 프로이센으로 통일되었다. 1848년에 독립혁명을 시도했으나 실패한 헝가리는 1866년 프로이센-오스트리아 전쟁 이후 독립된 헌법, 의회, 정부 따위는 있으나 오스트리아 군주가 공동으로 통치하는 왕국이 되었다.

[127] 폴란드가 독립을 얻기 위해 최초로 봉기를 일으킨 것은 1772년이며 19세기에 일으킨 봉기가 모두 실패했고, 1863년 1월 23일 드디어 봉기에 성공해 임시국민정부를 수립하는 듯했으나 15개월 뒤에 러시아에게 진압되었고, 이러한 상황에 대한 여러 정부의 무관심을 비판하는 국제 프롤레타리아트의 행동은 국제노동자협회 창립으로 모아졌다.

[128] 이 책 83쪽을 보라.

[129] 독일어 번역판에는 이 뒤에 "헝가리에서는"이 포함되어 있다.

[130] 이 책 25쪽을 보라.

인물 해설

게르쩬, 알렉싼드르 이바노비치 Александр Иванович Герцен (1812 ~1870) — 러시아의 철학자, 저널리스트, 작가, 혁명적 민주주의자. 1847년 프랑스로 망명했으나 1848혁명을 목격하고는 슬라브주의 노선을 확신했다. 1852년에 런던에서 자유러시아인쇄소를 설립했고 1857년에 잡지『종』을 발행했다.

그륀, 칼 Karl Grün (1817~1887) — 독일의 저널리스트, 정치인. 1840년대 중반 '진정한' 사회주의의 대표자였다가 1848년혁명을 거치며 부르주아민주주의자가 되었고, 프로이센 국민회의 대의원을 지냈다.

기조, 프랑수아 삐에르 기욤 François Pierre Guillaume Guizot (1787~1874) — 프랑스의 정치가이자 역사학자. 입헌군주제를 강력하게 지지했으며, 1830년 7월혁명으로 오를레앙왕조가 집권하자 외무장관 등을 거쳐 수상을 지냈으나 1848년혁명으로 물러나게 되었다.

까베, 에띠엔느 Étienne Cabet (1788~1856) — 프랑스의 철학자, 유토피아 사회주의자. 1840년에『이까리아 여행Voyage en Icarie』이라는 소설에서 이상 사회를 그렸다. 1848년에 미국 뉴올리언스에 정착해 실제로 공동체를 만들었으나, 의견 불일치로 1856년에는 추종자가 180여 명뿐이었고 결국 세인트루이스에서 마지막 실험에 실패했다.

다윈, 로버트 찰스 Charles (Robert) Darwin (1809~1882) — 영국의 박물학자. 생물의 진화를 주장하고, 자연선택에 의해 새로운 종이 기원한다는 자연선택설을 발표했다.『자연선택에 의한 종의 기원에 관하여On the Origin of Species by Means of Natural Selection』(1859)와『인간의 유래와 성性과 관련한 선택The Descent of Man, and Selection in Relation to Sex』(1871)이 대표작이다.

단떼, 알리기에리 Alighieri Dante (1265~1321) — 이딸리아의 작가.『신곡La divina commedia』의 저자.

라쌀레, 페르디난트 Ferdinand Lassalle (1825~1864) — 독일의 소부르주아 사회주의의 이데올로그. 1848/49년혁명에 가담했으며, 전독일노동자협회 Allgemeinen Deutschen Arbeitervereins의 공동 설립자이자 초대 의장을 맡았으나, 후에는 비스마르크 및 융커와 타협했다.

르드뤼-롤랭, 알렉쌍드르-오귀스뜨 Alexandre-Auguste Ledru-Rollin (1807~1874) — 프랑스의 법률가, 저널리스트, 정치가. 『개혁』 편집자 출신으로, 1848년 임시정부 내무장관 및 집행위원을 역임했으며, 제2공화정에서는 헌법제정국민의회와 입법국민회의 대의원이었다가 영국으로 망명했다.

마우러, 게오르크 루트비히 Georg Ludwig Ritter von Maurer (1790~1872) — 바이에른의 정치가이자 법제사학자. 19세기에 독일 민족주의가 발흥할 때 고대와 중세의 독일 법들을 연구했으며, 특히 도시와 장원의 체제를 연구하며 고대 공동체인 마르크에 관해 많은 책을 썼다.

맑스, 칼 Karl Marx (1818~1883)

맥팔레인, 헬렌 Hellen Macfarlane (1818~1860) — 스코틀랜드 출신의 차티스트 언론인이자 철학자.

메테르니히, 클레멘스 벤첼 로타르 폰 Klemens Wenzel Lothar von Metternich (1773~1859) — 오스트리아의 정치가이자 외교관. 외무장관 시절, 나뽈레옹이 몰락하자 유럽을 프랑스혁명 이전으로 되돌리기 위해 1814년에 빈Wien회의를 주도했다. 1821년부터 재상을 지냈으나 1848년혁명으로 물러나게 되었다.

모건, 루이스 헨리 Lewis Henry Morgan (1818~1881) — 미국의 인종학자, 고고학자, 원시사회 역사가. 1877년에 런던에서 『고대 사회, 혹은 야만에서 미개를 거쳐 문명에 이르는 인류의 진보 경로에 대한 연구 Ancient Society. Or Researches in the Lines of Human Progress from Savagery through Barbarism to Civilization』를 냈다.

무어, 새뮤얼 Samuel Moor (1830~1911) — 영국의 법률가. 국제노동자협회 회원. 맑스의 『자본』 제1권을 에드워드 에이블링과 함께 영어로 번역했다.

바꾸닌, 미하일 알렉싼드로비치 Михаил Александрович Бакунин (1814~1876) — 러시아의 혁명가. 1848/49년 독일혁명에 참가했고, 이후에는 아나키

즘 활동을 했으며 국제노동자협회에도 참가해 이딸리아, 에쓰빠냐, 스위스, 벨기에 따위의 라틴계 국가에 영향을 미쳤으나 분열 행위로 인해 1872년에 제명되었다.

바뵈프, 프랑스와-노엘 (일명 그락쿠스) François-Noel Babeuf (Gracchus) (1760~1797) — 프랑스의 혁명가. 프랑스혁명이 반동파의 승리로 끝나자 1796년 5월 8일에 1793년 헌법을 되살리려는 봉기를 준비했으나, 내부의 밀고로 발각되어 1796년 5월 10일 체포되었고 단두대에서 처형되었다.

바이틀링, 빌헬름 Wilhelm Weitling (1808~1871) — 재단사 출신의 독일 유토피아 노동자 공산주의의 최초 이론가. 의인동맹의 지도자. 1842년에 『조화와 자유의 보장Grantien der Harmonie und Freiheit』이라는 책을 내고, 1849년에 아메리카로 건너가 공산주의적 집단 거주지 운동을 시도했다.

보나빠르뜨, 루이 나뽈레옹 (나뽈레옹 3세) Louis Napoléon Bonaparte (Napoléon Ⅲ) (1808~1873) — 나뽈레옹 1세의 조카. 제2공화국 대통령(1848~1852)으로 있다가 제정으로 바꾸어 황제(1852~1870)가 된 후 1871년에 프로이센과 전쟁을 일으켜 패배했다.

블랑, 루이 Louis Blanc (1811~1882) — 프랑스의 저널리스트, 역사학자, 소부르주아 사회주의자. 1848년 정부에 참여했다가 8월에 영국으로 망명하여 망명자들의 지도자가 되었다. 1871년에 빠리꼬뮌에 반대했고 의원이 되었다.

비스마르크, 오토 Otto Bismark (1815~1898) — 프로이센 수상(1862~1872), 독일제국 재상(1871~1890), 프로이센 수상(1873~1890).

생시몽, 꽁뜨 드 comte de Saint-Simon (1760~1825) — 프랑스의 사회개혁가. 『새로운 기독교Nouveau Christianisme』(1825)에서 산업과 사회의 과학적 조직화와 함께 인간의 형제애가 퍼져야 한다고 주장하여 기독교사회주의의 기초를 다졌다.

시스몽디, 시스몽 드 Sismonde de Sismondi (1773~1842) — 스위스의 경제학자이자 역사학자. 처음에는 자유방임주의를 제창한 애덤 스미스의 추종자였지만, 『정치경제학의 새로운 원리들Nouveaux Principes déconomie politique』(1819)에서 스미스와의 단절을 선언하고 경쟁에 대한 정부 규제를 옹호했다. 노동자계급의 생활 조건 개선을 위한 사회 개혁을 요구했지만, 사적 소유에 대한 비판으로까지 나아가지는 않았다.

엥겔스, 프리드리히 Friedrich Engels (1820~1895)

오언, 로버트 Robert Owen (1771~1858) — 영국의 유토피아사회주의자. 19세기 초반에 스코틀랜드 중남부 래너크Lanark에서 방적 공장을 운영하며 노동자 교육과 아동 교육을 실험했고, 1825년에 아메리카로 건너가 인디애나 주에서 뉴하모니New Harmony라는 이름으로 공동체 사회를 건설했으나, 내부의 견해 차이로 실패했다.

우드헐, 빅토리아 (결혼 전 성姓은 클래플린) Victoria Woodhull (Clafflin) (1838~1927) — 미국의 사회운동가. 여성의 참정권과 자유연애를 지지했으며, 1870년에 동생 테네시Tennessee와 함께 『우드헐과 클래플린의 주간지』를 발간했다.

자쑬리치, 베라 이바노브나 Вера Ивановна Засулич (1815~1919) — 러시아의 혁명가. 초기에는 인민주의자였으나, 1880년에 망명하여 맑스주의를 받아들여 1883년에 노동해방그룹 결성에 참여했고, 맑스 및 엥겔스와 교류했으며 그들의 저작을 러시아어로 번역했다.

푸리에, 프랑수와 마리 샤를르 François Marie Charles Fourier (1772~1837) — 프랑스의 유토피아사회주의자. 생산자협동조합인 팔랑스떼르Phalanstère에 바탕을 둔 사회의 건설을 주장하며 프랑스와 아메리카에서 시범으로 농장을 운영했으나 오래 가지 못했다. 『신산업 세계 Le Nouveau Monde industriel』 (1829~1830) 등의 저서가 있다.

프루동, 삐에르- 조제프 Pierre-Joseph Proudhon (1809~1865) — 프랑스의 사회학자, 경제학자. 식자공으로 일하면서 그리스어, 라틴어, 히브리어를 혼자 익혔다. 1848년혁명 이후 의원으로 당선되었으나 나뽈레옹 3세를 비판하고는 벨기에로 피신했다. '무상신용', '인민 은행' 따위를 주장한 아나키스트다.

하니, 조지 줄리언 George Julian Harney (1817~1897) — 영국의 정치가, 언론인, 차티스트운동의 지도자. 『북극성Northern Star』, 『붉은 공화주의자』 등의 편집자. 1840년대 중반에 맑스와 엥겔스를 만나 협력을 시작하며, 브뤼셀 공산주의자연락위원회 위원이었고, 의인동맹과 공산주의자동맹에 가입했다. 1863~1888년에 미국에 거주했고, 국제노동자협회의 회원이었다.

학스타우젠, 아우구스트 August Franz Ludwig Maria, Baron von Haxthausen-Abbenburg (1792~1866) — 프로이센의 경제학자, 법률가, 관리. 1820년대부터 사망할 때까지 러시아 토지공동체에 관해 연구했다.

간행물 해설

『개혁』 La Réforme — 1843년 7월부터 1850년 1월까지 빠리에서 발행된 일간지. 소부르조아 민주주의자, 공화주의자, 사회주의자들의 기관지.

『붉은 공화주의자』 The Red Republican — 1850년 6월부터 11월까지 주간으로 영국에서 발행된 차티스트 좌파, 사회주의자의 기관지.

『사회주의자』 Le Socialiste — 1871년 10월부터 1873년 5월까지 뉴욕에서 프랑스어로 발행된 주간지. 1871년 12월부터 1872년 10월까지는 국제노동자협회 프랑스 지부의 기관지.

『사회주의자. 노동자당 중앙기관지』 Le Socialiste. Organe Central du Parti Ouvrier — 1885년부터 1914년까지 빠리에서 발행되던 주간지. 잠시 정간되었다가 1922년부터 23년까지 다시 발행되었다.

『우드헐과 클래플린의 주간지』 Woodhull & Claflin's Weekly — 아메리카의 여권론자 빅토리아 우드헐이 동생 테네시와 함께 1870년부터 76년까지 뉴욕에서 발행한 주간지. 클래플린은 우드헐의 결혼 전 성姓이다.

『종』 Колокол — 러시아 혁명적 민주주의자들의 잡지. 1857년~65년에는 런던에서 러시아어로 부정기적으로 발행되었으며, 1867년까지는 제네바에서 러시아어로, 1868년에서 1869년까지는 러시아어 부록을 붙여 프랑스어로 발행되었다.

『선언』의 탄생과 생애

이 책에 번역된 글이 처음 발표된 것은 1848년 벽두다. 170년 가까이 된 일이다. 그 문서가 나온 지 약 70년 후인 1917년, 역사상 처음으로 맑스주의자임을 공표하고 자본주의사회를 폐지하겠다는 세력이 국가권력을 장악했다. 그리고 그들 볼셰비끼가 이룬 혁명 역시 그로부터 약 70년이 흐른 뒤에 사실상 자본주의에게 항복을 선언했다.

지금 『선언』에 대해 이야기한다는 것은 1848년의 그 문서에 대해 말하는 것일 뿐만 아니라 1917년의 그 사건으로 세워졌다 사라진 소비에트사회주의공화국연방에 대해서도 말하는 것이다. 어쩌면 그 나라가 해체된 덕에 우리는 훨씬 더 자유롭고 개방된 마음으로, 하지만 더욱 근본적이고 진지한 자세로 『선언』에 대해 말할 수 있게 되었는지도 모른다.

아래에서는 세상에 『선언』이 나오게 된 경위와 1848년 이후 『선언』이 어떠한 역사를 갖게 되었는지를 밝힐 것이다. 이 해제는 『선언』의 내용을 해설하거나 『선언』으로 지금 우리의 문제들에 답하려는 시도가 아니다.

1. 『선언』은 어떻게 선언되었나?

1830년대 많은 독일인 수공업자가 도제 수업을 목적으로 프랑스나 스위스에 거주하고 있었다. 그런데 이들은 징집 연령이 되면 귀국해야 한다는 규정을 어기고 그대로 국외에 머물러 있곤 했다. 1834년에 이들은 추방자동맹Bund der Geächteten을 결성했다.

1837년에 추방자동맹에서 급진적인 성원들이 독립하여 의인동맹Bund der Gerechten(또는 정의동맹Bund der Gerechtigkeit)을 조직했다. 소수이긴 했지만 본국 독일에 있는 사람들도 의인동맹에 가입했으며, 동맹의 지도자는 바이틀링이었다. 이 단체가 독일인 노동자들과 수공업자들의 최초의 비밀 조직이었다. 이 단체는 1839년에 프랑스의 급진주의자 블랑끼Louis Auguste Blanqu가 이끄는 계절단Société des saisons이 빠리에서 일으킨 봉기에 연루되어 여러 유럽 정부에게 탄압을 받아, 1845년경에는 런던 지구를 제외하고는 거의 활동이 중단된 상태였다. 이때 동맹에서는 바이틀링파 지도부의 "봉기" 노선에 대한 비판이 일었고, 영국의 차티스트운동에 대한 관심도 커졌다.

한편, 『선언』의 두 저자 칼 맑스와 프리드리히 엥겔스는 각각 다른 경로로 공산주의사상을 굳혀 오고 있었다. 맑스는 철학박사, 신문 편집장의 이력을 지닌 사람이었고, 엥겔스는 사업가가 되기 위해 영국을 오가며 노동자들의 실태를 보게 된 사람이었다. 이 둘이 서로에 대해 관심을 갖게 된 것은 1844년 『독일 프랑스 연보Deutsch-Französische Jahrbücher』에 각각 게재한 글들을 보고 난 이후다. 그 뒤에 둘은『신성 가족, 또는 비판적 비판에 대한 비판. 브루노 바우어와 그 일파에 반대하여』(박종철출판사의『칼 맑스 프리드리히 엥겔스 저작 선집』[이하『저작 선집』] 제1권 92~123쪽에 발췌 수록)라는 책을 집필하면서 공동 작업을 시작했다. 하지만 이들이 본격적으로 호흡을 맞추게 된 것은 1845년 가을부터 1846년 초여름까지『독일 이데올로기』(『저작 선집』 제1권 191~264쪽에 발췌 수록)를 공동으로 집필하면서였다.『신성 가족』이 각자 집필한 글을 묶은 것이었던 데 반해, 『독일 이데올로기』는 토론과 합의에 따른 공저였다. 이 책은 당시 독일 청년들 사이에서 유행하던 "비판적" 철학 조류와 당시 유럽의 "사회주의"운동 흐름을 공격한 것이며, 훗날 맑스주의라고 불리게 되는 사상과 이론의 기초가 되는 내용을 포괄적으로 담고 있다.

맑스와 엥겔스는 자신들 생각의 윤곽을 정리하는 한편, 그 사상을 실현할 목적으로 1846년 초에 벨기에 브뤼셀에서 공산주의자연락위원회를 설립했다. 이 단체는 유럽에 개인으로 있던 공산주의자들이 사상을 교환하는 정도의 활동을 한 것으로 보인다.

이제『선언』집필과 직접 관련된 이야기로 가 보자.

맑스는 이미 1843~1844년에 빠리에서 의인동맹의 지도자들과 개인적 관계를 맺고 있었으며, 엥겔스도 1846년 여름에 동맹 빠리 지부의 조직 사업에 참여한 적이 있었다. 그렇다고 당시 그 둘이 동맹을 전적으로 지지하고 있었던 것은 아니다. 오히려 맑스와 엥겔스는 동맹 활동을 통해, 바이틀링파의 애매한 인도주의 노선과 대결할 필요를 느끼게 되었고, 당시 동맹 성원들이 우호적으로 생각하던 '진정한' 사회주의 조류의 실체를 드러내 그 유파를 격파해야 한다고 생각하게 되었다. 하지만 이 둘은 당시에 활동하던 단체들 가운데 자신들의 생각과 가장 가까운, 아니면 가깝게 될 수 있는 단체가 동맹이라고 생각한 듯하다. 이때가 위에서 말한 『독일 이데올로기』를 집필할 무렵이다.

맑스, 엥겔스, 공산주의자연락위원회는 의인동맹과 조직적인 접촉을 시작하기로 마음먹었고, 노선에 대한 절충과 협의에 들어갔다. 그러던 차에 1847년 초에 동맹에 소속되어 있던 칼 샤퍼Karl Schapper와 요제프 몰Joseph Moll이 브뤼셀에 있는 맑스와 빠리에 있는 엥겔스를 각각 찾아와 동맹에 가입할 것을 요청했다. 동맹 대회는 1847년 5월로 예정되어 있었다. 두 사람으로서는 새로 만나는 사람들 사이에서 영향력을 확대하기 위해 준비할 시간이 필요했고, 둘의 '공작'으로 대회는 한 달 연기되었다. 맑스와 엥겔스는 공산주의자연락위원회를 발전적으로 해소하고 동맹에 들어가서 동맹을 개조하기로 합의했다.

1847년, 유럽은 위기를 맞고 있었다. 기근이 있었고, 이 기근은 흉작으로 계속되었다. 굶주린 백성들의 항의와 투쟁이 폭발하는 가운데, 당시의 지배층인 봉건 귀족과 관료들에 대항하던 자유주의적 정치 세력들의 활동이 왕성해졌다. 당시 형성 중이던 노동자계급의 움직임도 심상치 않았다.

프랑스에서는 선거권을 넓히려는 운동과 함께 다양한 유토피아적 평등주의 경향이 일었다. 프로이센의 국왕 빌헬름 4세는 의회를 소집할 수밖에 없었으나, 의회 내 다수파인 부르주아들과의 대립으로 인해 곧 의회를 해산했다. 폴란드, 이딸리아, 아일랜드에서는 민족해방투쟁의 물결이 확산되고 있었다. 잉글랜드에서는 평등한 선거권을 주장하는 차티스트운동이 상당히 많은 수의 노동자를 집회에 불러냈다.

1840년대 말의 유럽 위기는 자본주의와 함께 생겨난 사회 세력들이 이전의 지배 집단인 봉건 세력들에게 저항하며 비롯된 것이었다.

의인동맹 대회는 1847년 6월에 런던에서 열렸다. 이 대회에는 맑스 대신에 빌헬름 볼프Wilhelm Friedrich Wolff가 브뤼셀 지구 대표로 참가했으며, 엥겔스는 빠리 지구 대표 자격으로 참여했다. 이 대회는 훗날 '공산주의자동맹 제1차 대회'로 불릴 수 있게 되는 성과를 낳았다. 엥겔스의 노력으로 다음과 같은 사항이 결정되었다. 첫째, 명칭을 공산주의자동맹으로 변경한다. 둘째, 구호를 "만인은 형제다"에서 "만국의 프롤레타리아여, 단결하라!"로 바꾼다. 셋째, 엥겔스가 작성해 둔 「공산주의자의 신조 표명」을 동맹의 규약으로 삼기 위해 토의에 부친다.

이에 따라 엥겔스는 「신조 표명」을 수정하여 「공산주의의 원칙들」(『선집』 제1권 319~339쪽에 전문 수록)을 작성했지만, 교리문답 형식으로 된 이 문서는 동맹의 강령으로 삼기에 부적절했다.

맑스도 참여하여 런던에서 1847년 11월 29일부터 열린 공산주의자동맹 제2차 대회는 강령 채택을 미루고, 그 집필을 다시 맑스와 엥겔스에게 위임했다. 애초 계획에 따르면, 강령에 해당하는 문서는 공산주의자들의 역사 인식과 이념을 담는 포괄적인 것이어야 했다. 엥겔스가 작성한 위의 두 문서도 그런 것이었다. 하지만 이때 두 사람에게 강령 작성을 위임하는 과정에서 동맹은 몇 가지 사항을 추가하기로 결정했다. 당시 유럽에 존재하는 여러 당파에 대한 입장, 특히 동맹 지구마다 다른 태도를 보인 '진정한' 사회주의에 대한 입장을 명시할 것을 집필자들에게 요구한 것이다.

결과물을 놓고 보자면, 문서 작성자들은 '진정한' 사회주의에 대하여는 단호한 비판의 입장을 취해 여러 지구의 동요를 막았고, 과거 의인동맹과 인연이 있었던 블랑끼와 바이틀링에 대하여는 분명한 비판을 피하는 것으로 의인동맹 시절부터 함께한 성원들의 정서를 고려한 듯하다.

이러한 정황과 필요에서 맑스와 엥겔스가 대회가 끝난 직후 1847년 12월부터 1848년 1월 사이에 런던과 브뤼셀에서 집필한 것이 『공산주의당 선언Manifest der Kommunistischen Partei』이다. 엥겔스가 빠리로 떠난 뒤 브뤼셀에서 문서를 마무리한 맑스는 1848년 1월 말에 원고를 런던으로 보냈고, 공산주의자동맹 성원인 부르가르트J. E. Burghard가 운영하던 인쇄소, 곧 독일노동자교육협회 German Worker's Educational Society 인쇄소에서 『선언』이 인쇄되었다. 손으로 쓴 원고는 남아 있지 않고, 제3편에 대한 전반적인 구상을 담은 메모만 남아 있다.

노동자계급의 최초의 국제 조직인 공산주의자동맹이 무언가 커다란 일이 벌어질 것을 예감한 1848년 벽두에 "자신들의 견해, 자신들의 목표, 자신들의 지향을 전 세계 앞에 공공연하게 표명해, 공산주의 유령이라는 소문에 당 선언 자체로" 맞선 것이 바로 『선언』인 것이다.

2. 1848년 이후

『선언』은 그 글 앞머리에서 밝힌 바에 따르면 "영어, 프랑스어, 독일어, 이딸리아어, 플라망어, 덴마크어로 발표될" 계획이었다. 하지만 그 계획에 따라 인쇄된 것으로 지금까지 남아 있는 것은 1848년 2월 독일어판뿐이다. 그 독일어판은 진녹색 표지에 23쪽으로 되어 있다. (http://support.bl.uk/Page/Become-a-friend---grants에서 사진을 볼 수 있다.)

1848년 4월과 5월에 새로운 독일어판이 나왔다. 초판에 있던 오류를 바로잡은 30쪽짜리다. 이것이 저자들이 인정하는 1848년 독일어판이다. 한편 『선언』은 1848년 3월에서 7월에 걸쳐 독일 망명자들의 기관지 『런던 독일어 신문Deutsche Londoner Zeitung』에 연재되기도 했다.

1848년 독일어 문서 제목은 "Manifest der Kommunistischen Partei"다. 정식으로 당이 결성된 것이 아니었으니 "공산주의 당파의 선언"쯤 되는 셈이다. "매우 여러 국적의 공산주의자가 런던에 모여" "기초"했다고 되어 있을 뿐, 저자의 이름도 공산주의자동맹이라는 이름도 등장하지 않는다.

1848년 2월에 독일어판이 발간된 후, 유럽 여러 언어로 곳곳에서 『선언』이 발간되었다. 1848년만 해도 덴마크어판, 폴란드어판, 스웨덴어판이 나왔다. 이 덴마크어판이 애초의 계획에 따른 것인지는 확인할 수 없고, 폴란드어판은 빠리에서 나왔으며,

1848년 2월에 나온 독일어 초판 표지와 첫 페이지

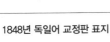
1848년 독일어 교정판 표지

1848년 스웨덴어판 표지

스웨덴어판은 『공산주의의 목소리Kommunismens Röst. 1848년 2월에 발표된 공산주의 당파의 성명』이라는 제목이었다. 프랑스어, 이딸리아어, 플라망어로는 번역이 되었는지는 모르나 출판되지는 않았다. 영어로는 엥겔스가 1848년 4월에 일부만 번역을 마쳐 인쇄되지 못했다.

저자들이 직접 이름을 밝히고 나아가 집필 배경에 대해 처음으로 설명한 것은 1872년에 사회민주주의노동자당 (Sozialdemokratische Arbeiterpartei(SDAP) 기관지 『인민 국가Der Volksstaat』 출판국에서 낸 독일어 제2판("Das Kommunistische Manifest. Neue Ausg. mit einem Vorwort der Verfasser". Leipzig 1872)의 「서문」이다. 이때부터 저자들은 제목을 "Das Kommunistische Manifest", 즉 "공산주의 선언" 또는 "공산주의적 선언" 아니면 "공산주의자 선언"이라고 불렀던 것이다.

이 1872년 독일어판 「서문」에서 저자들은 1864년부터 시작된 국제노동자협회 활동과 1871년 빠리꼬뮌 경험을 언급하며 1848년 이후의 상황을 설명한다. 그리고 시대가 흐름에 따라 "제Ⅱ편 끝에서 제안된 혁명적 방책들"과 제Ⅲ편 및 제Ⅳ편에 수정이 필요함을 밝히고 있다.

그렇다고 1848년부터 1872년까지 25년 동안 『선언』이 전혀 출판되지 않은 것은 아니다.

먼저 독일어로는 1848년 발간 직후의 저자 인정 교정본말고도, 1848년혁명 패배 이후 공산주의자동맹이 맑스와 엥겔스를 중심을 중심으로 창간한 『신라인 신문. 정치-경제 평론Die Neue Rheinische Zeitung. Politisch- konomische Revue』, 1852년에 공산주의자동맹이 뉴욕에서 발간한 『혁명Die Revolution』, 1861년에 영국에서 창간된 노동조합운동의 기관지 『벌집The Bee-hive』 등의 간행물에 실렸다. 말하자면 두 저자와 공산주의자동맹은 혁명이 실패로 돌아간 뒤에도 『선언』을 보급하고자 했던 것이다.

한편, 1853년과 1854년에 칼 베르무트Karl Georg Ludwig Wermuth와 슈티버Wilhelm Stieber라는 독일 경찰 첩자들이 국민들에게 경각심을 일깨우기 위해 『공산주의—19세기의 음모Die Communisten-Verschwrungen des neunzehnten Jahrhunderts』라는 제목으로 문서들을 모아 편집하여 낸 책이 있는데, 거기에도 『선언』이 실려 있었다. 이 밖에 1860년 런던과 베를린, 1871년 시카고에서는 1848년판처럼 『공산주의당 선언』이라는 제목으로 독일어판이 발행되었는데, 공산주의자동맹과 국제노동자협회에서 활동하던 맑스와 엥겔스의 동료들이 발간한 것으로 보인다.

1848년에 일부만 번역되어 발표되지 못한 영어판은 1850년 11월에 헬렌 맥팔레인(필명 하워드 모턴Howard Morton) 번역으로 발표된다. 1848년혁명의 불꽃이 완전히 꺼진 뒤였다. 차티스트 기관지 『붉은 공화주의자』 제21~24호에 연재된 제목은 「독일 공산주의당 선언Manifesto of the German Communist Party」이었다. 이때 처음으로 문서의 저자가 맑스와 엥겔스임이 밝혀진다.

1869년에는 러시아어판이 발행된다. 러시아인 혁명가들 다수가 망명해 있던 스위스 주네브에서 게르쩬의 『종』을 인쇄하는 체르니솁스끼출판사에서 나왔다. (체르니솁스끼는 러시아의 혁명적 민주주의자이며, 레닌의 저작 『무엇을 할 것인가?』는 바로 체그니솁스끼의 소설 제목이기도 하다.) 저자들이 러시아어 제2판에 붙인 서문에는 이 초판의 번역자가 바꾸닌으로 되어 있지만, 당시 바꾸닌과 맑스의 적대적 관계를 고려하여 이에 대해 의문을 제기하는 사람이 많다. 어쨌든 1848년 독일어판을 따라 『공산주의당 선언』이라는 제목을 단 이 초판을 많은 러시아 혁명가들이 읽었으나, 결함이 많이 발견되어 1882년에 다시 번역하게 된다.

1869년 가을에는 『사회적 경제인The Social Economist』이라는 영어 잡지에 윌리엄 스테프니William Stepney가 머리말, 제 I 편, 제 II 편에서 일부만 번역하여 싣기도 했으며, 1871년 11월에는 『세계The World』에 영어로 일부가 번역되었으며, 1871년 12월 30일에는 뉴욕에서 발행되던 부르주아 여권론자들의 기관지 『우드헐과 클래플린의 주간지Woodhull & Claflin's Weekly』에 일부가 발췌되어 번역되었다. 이 마지막 것은 당시 각국의 공산주의를 소개하는 것의 하나로 기획된 것이었으며, 제목은 「독일 공산주의 — 독일 공산주의당 선언(1848년 2월 처음 발표)German Communism — Manifesto of the German Communist Party (First published in February, 1848)」였다. 영어 번역자들은 모두 『선언』을 "독일 공산주의당"의 선언으로 보았던 점이 특징적이다.

『선언』을 이처럼 특별한 분파의 주장으로 이해하는 것은 프랑스어 번역본에서는 더욱 두드러진다. 1872년초에 국제노동자협회 프랑스 지부 기관지 『사회주의자』는 제 I 편과 제 II 편을 아홉 회에 걸쳐 번역하여 실었는데, 놀랍게도 「칼 맑스의 선언Manifeste de Karl Marx」이라는 제목을 붙였다. 인터내셔널 내부에서 바꾸닌파의 주요 지지자였던 프랑스인들이 맑스와 엥겔스, 나아가 공산주의자동맹의 권위와 전통을 부정하려 한 것은 아니었나 생각된다.

1848년 당시 프랑스어판이 발간되었는지 확인되지 않으며 또 발견되지 않았으니, 저자들이 간여한 프랑스어판이 있는지는 확인되지 않고 있는 셈이다. 1885년 8월 29일에서 11월 7일에 빠리에서 발간되던 잡지 『사회주의자Le Socialiste』에 처음으로 「공산주의당 선언Manifeste du Parti Communiste」이라는 제목으로 맑스의 딸 라우라Laura Lafargue가 번역하고 엥겔스가 검토한 원고가 실리고, 이 번역은 1886년에 메르미으라는 사람의 『프랑스의 사회주의자』라는 책에 실리기도 한다.

1872년 독일어판 이후 저자들의 정식 서문이 딸린 최초의 것은 1882년 러시아어판이다. 주네브에서 발행된 책자의 정식 명칭은 『공산주의당 선언. 1872년 독일어판의 번역. 저자의 서문이 딸림』이다. 이 판의 「서문」에서는, 1848년 당시만 해도 유럽 혁명에 대한 반동의 보루로서만 의미를 지니던 러시아에서 혁명운동이 시작되고 발전한 것과 아메리카에서 자본주의적 관계가 자리 잡고 있는 것에 대해 평가하고 있다. 말년에 두 저자가 러시아에 대해 연구한 결과로 보인다. 뾰뜨르 라브로비치 라브로프 Пётр Ла́врович Лавро́в라는 국제노동자협회 회원이자 빠리꼬뮌 참가자의 요청으로 1882년 1월 21일에 맑스와 엥겔스가 독일어로 서문을 작성해 보냈는데, 그 서문이 처음으로 인쇄된 것은 잡지 『인민의 의지』 1882년 2월 5일 자였다. 서문을 포함한 단행본은 『러시아 사회혁명 문고 시리즈』의 하나로 나왔다. 특이하게도 같은 해에 같은 서문이 달린 러시아어판을 다른 사람이 번역해서 내기도 했다. "러시아혁명의 아버지"라는 쁠레하노프 Гео́ргий Валенти́нович Плеха́нов 번역으로 주네브에서 「러시아 사회혁명 문고」의 하나로 나온 것이다.

참고로 말하자면, 이 서문이 독일어로 처음 발표된 것은 1882년 4월 13일에 나온 독일사회민주주의당 기관지 『사회민주주의자Sozialdemocrt』 제16호인데, 베른슈타인이 러시아어에서 다시 번역한 것으로 알려져 있다. 1890년에 엥겔스는 독일어판 서문에 싣기 위해 러시아어판 서문을 러시아어에서 독일어로 다시 번역했는데, 이때 엥겔스는 이 서문이 불가리아어, 폴란드어, 루마니아어, 이딸리아어, 덴마크어, 체코어 등으로 번역된 것을 참조했다고 한다.

두 저자 모두의 서명이 있는 것은 위의 러시아어판이 마지막이다. 1883년 독일어 제3판(Das Kommunistische Manifest. 3., autor. deutsche Ausg. Mit Vorworten der Verfasser. Hottingen–Zürich 1883)은 맑스의 죽음을 계기로 엥겔스가 출판한 것이다. "『선언』을 관통하고 있는 기본 사상"에 대해 간결하게 정리하고 그것이 "전적으로 맑스에게 속한다"는 것을 밝히는 「서문」이 딸려 있다.

『선언』은 저자들의 「서문」이 나온 1872년 이후로도 저자들 협력 없이 여러 나라에서 출판되었다.

1883년에 주네브에서 나온 폴란드어판은 『1847년의 공산주의 선언Manifest komuní.styczny 1847r.』이라는 제목을 달고 있었다. 코펜하겐에서 덴마크어판이 『공산주의자 선언』이라는 제목의 단행본으로 나오기도 했다(K. Marx og. F. Englels, Det Kommunistiske

Manifest. København 1885). 엥겔스는 이것이 문제가 많은 번역이라고 지적하고 있다.

에스빠냐어로는 1886년 6월에서 8월 사이 여덟 차례에 걸쳐 『사회주의자El Socialista』에 「공산주의당 선언Manifiesto del Partido Comunista」이라는 제목으로 번역되었다가, 마드리드에서 한 달 뒤에 단행본으로 출판되었다(Manifiesto del Partido Comunista par Carlos Marx y F. Engels, Madrid 1886).

저자의 정식 서문이 있는 최초의 영어판은 1888년에 런던에서 발간된 것이다. 번역은 영국의 법률가이며 국제노동자협회 회원인 새뮤얼 무어가 맡았다. 1872년부터 저자들이 『공산주의 선언』 또는 『공산주의자 선언』이라는 제목을 붙였던 것과는 달리 이 영어판의 제목은 『공산주의당 선언』이었다. Manifesto of the Communist Party. Authorized English translation. Edited and annotated by Frederick Engels. London 1888. 이는 영어로 된 최초의 저자 인정판에 1848년의 분위기를 전달하려는 노력으로 보인다. 엥겔스는 영어판 독자들을 위해 「서문」에서, 1848년의 공산주의자동맹에서 제1인터내셔널에 이르는 노동자운동과 공산주의의 결합에 대해 설명하고 있으며, 처음으로 『선언』에 주를 달았다.

저자가 인정한 마지막 독일어판은 1890년에 런던에서 나왔다. Das Kommunistische Manifest. 4., autor. deutsche Ausg. Mit einem neuen Vorwort von Friedrich Engels. London 1890. 이 판 「서문」에서는 위의 영어판 서문에서처럼 『선언』의 그동안의 역사를 독일어권 독자들에게 설명하고 그들을 위한 주를 달았다. 이

것은 독일사회민주주의당Sozialdemokratische Partei Deutschlands「사회민주주의 문고」마지막 권(제32권)으로 출판되었는데, 그 서문은 당 기관지『사회민주주의자Sozialdemoctrats』제33호(1890년 8월 16일)에「공산주의 선언의 새로운 판」이라는 제목 아래 실렸고, 후에 1890년 11월 28일에는 엥겔스 탄생 70주년 기념으로『노동자 신문Arbeiter-Zeitung』제48호에 실리기도 했다.

엥겔스의 서명이 있는 서문이 첨부된 것으로는 두 가지가 더 있다. 하나는『공산주의 선언』이라는 제목의 1892년 폴란드어 제2판이다. Manifest Komunístyczny. Wydanie drugie. Londyn 1892. 또 하나는『공산주의당 선언』이라는 제목의 1893년 이딸리아어 판이다. Il manifesto del partito comunista con un nuovo proemio al lettore italiano di Federico Engels. Milano 1893.

『선언』폴란드어판으로 말하자면, 1883년에 주네브에서 삐에카르스끼Witold Rola Piekarski 번역으로『여명Przedświt』을 발행하던 출판사에서 나온 것이 있었다. 그리고 런던에서 나온 폴란드어 두 번째 판에는 엥겔스의 서문이 달려 있는데, 1892년에『여명』편집장인 폴란드 사회주의자 스타니수아프 멘델손Stanisław Mendelson의 부탁을 받아들여 엥겔스가 독일어로 써 보낸 것이다.

이딸리아어판은 이딸리아 사회주의자 필리뽀 뚜라띠Filippo Turati가 기획한 것이며, 엥겔스는 프랑스어로 서문을 보냈다. 서문을 의뢰한 뚜라띠가 서문을 이딸리아어로 번역하고 본문은 폼페오 베띠니Pompeo Bettini가 번역하여, 1893년에 밀라노에서『사회 비판Crita Sociale』이라는 잡지를 내는 출판사에서 나왔다.

1848년에 익명으로 출판된 이후, 1872년 독일어판, 1882년 러시아어판, 1883년 독일어판, 1888년 영어판, 1890년 독일어판, 1892년 폴란드어판, 1893년 이딸리아어판 등 일곱 개의 판이 저자들이 인정하거나 「서문」을 붙인 『선언』의 정식 판본이다. 이렇게 여러 번 저자의 필요에 의해 판을 거듭했지만 본문의 내용을 수정한 일은 거의 없고 각주가 첨가되었을 뿐이다. 1872년 독일어판의 서문에서 밝히고 있듯이 "『선언』은 역사적 문서이며", 공산주의자동맹이 해체된 이후 맑스와 엥겔스로서는 "그것을 변경할 권리가 더 이상 우리에게 있는 것은 아니라고" 보았기 때문이다.

3. 2016년

『선언』은 19세기 중엽에 역사상 처음으로 "공산주의자들"이 자신들을 설명하기 위해 쓴 문서다. 공산주의가 무엇이며 공산주의자가 어떤 사람인지가 분명하게 설명되고 있지 않고 유령처럼 소문으로만 입에 오르던 상황에 대처하여, 그 사상과 사람들을 또렷한 말로 설명할 필요에서 생긴 문서인 것이다.

『선언』이 밝히는 공산주의는 간단하게 요약될 수 있다. 인간들이 서로 적대하게 되는 세상을 "각자의 자유로운 발전이 모두의 자유로운 발전의 조건이 되는 연합체"로 바꾸어야 하며, 그렇게 하기 위한 유일한 방법은 생산수단에 대한 "사적 소유 폐지"라는 것이다. 그리고 이러한 "견해와 의도를 숨기는 것을 경멸"하는 공산주의자들은 "자신들의 목적이 이제까지의 모든 사회질서의 폭력적 전복에 의해 달성될 수 있을 뿐"임을 "공공연하게 선포"하는 사람들이다.

물론 위와 같은 것이 『선언』이 말하는 전부는 아니다. 그러한 목표를 달성하기 위해 공산주의자들이 당시에 이러저러한 나라들에서 해야 할 일을 밝히는 것도 『선언』의 내용의 상당한 분량을 차지하고 있다. 하지만 여러 차례에 걸친 『선언』 출판 과정을 통해 저자들 스스로 그 내용이 역사적으로 더 이상 적절하지 않음을 밝히고 있는 것 또한 사실이다.

맑스와 엥겔스는 공산주의 사상을 체계화한 사람들이다. 이 둘이 자신들의 생각을 사회의 전반적인 문제에 걸쳐 정리한 것은 『독일 이데올로기』와 『선언』이다. 이 두 사람이 공산주의자동맹 활동과 『선언』 집필 이후에 죽을 때까지 한 일이란 그때 도달한 결론을 현실로 만들기 위한, 달리 말하자면 자신들 시대에 있을지 모르는 혁명을 성공적으로 이루기 위한 노력이었다. 그 노력은 한편으로는 현실에서 벌어지는 사태들에 개입하는 것으로 나타나기도 하고, 다른 한편으로는 그러한 사태들을 분석하면서 자신들의 생각을 보충하고 완성하는 것이기도 했다.

생산 수단의 사적 소유의 폐지가 모든 인간의 자유로운 생활의 기초가 될 수 있는가? 『선언』과 맑스주의(공산주의)에 대한 태도는 이 문제에 대한 대답의 차이로 나타나야 할 것이다. 맑스와 엥겔스 이후에 맑스주의를 이념으로 하는 사람들이 자신들의 경험에 기초하여 제시한 여러 노선과 정책들이 그렇듯, 맑스와 엥겔스가 그때그때 밝힌 사회 변화의 경로나 그 과정에서 취해야 하는 구체적인 방책들 따위는 모두 그 시대, 그 나라의 일로 바라보아야 할 것이다. 때와 장소를 가리지 않는 지침서와

사용 안내서란 있을 수 없는 것이다.

『선언』이 대결하고자 했던 상황은 지금 사라졌는가? 사적 소유의 폐지가 유일한 해결 방식인가? 『선언』의 주장이 현실로 될 수 있을 것 같았던 상황이 종료된, 『선언』이 발표된 지 170년 가까이 된 오늘날에는 이 두 가지 질문이 "유령"이 되어 떠돌고 있다. 『선언』은 공산주의와 공산주의자가 무엇인지를 "선언"했을 뿐, 이 질문에 답하고 있지 않다.

2016년 1월
김태호

개정판 역자 후기

‘맑스 엥겔스 에센스’는 꽤 두꺼운 여섯 권짜리 『칼 맑스 프리드리히 엥겔스 저작 선집』의 무거움을 덜고자 기획되었으며, 그 첫 권은 『공산주의 선언』이었다. 마침 그때는 그 책이 세상이 나온 지 150년 가까이 된 때였다. 그로부터 많은 시간이 흘렀기에 ‘150주년 기념판’이라는 이름은 지금은 어울리지 않는다. 이것이 개정판을 내게 된 이유의 하나다.

또한 꼼꼼하게 살핀다고 했지만 오역이라 할 수 있는 곳도 몇 군데 눈에 띄었다. 이번 개정판에서 그런 곳을 바로잡았다. 저자들은 문서가 세상에 나온 지 25년쯤 뒤에도 “『선언』은 역사적 문서이며, 우리는 그것을 변경할 권리가 더 이상 우리에게 있는 것은 아니라고” 봤지만, 번역자에게는 번역을 바로잡을 권리가 있을 뿐만 아니라 그 시대에 가장 어울리는 말로 다듬어야 할 의무도 있다. 아울러 예전 번역에서는 저자들이 사용한 기호 하나하나를 그대로 보여 주려 했다면, 이번에는 과감히 한국어 규정에 맞게 바꾸었다.

해제도 다시 쓰게 되었다. 무엇보다 책의 내용과 의의를 설명하려고 했던 곳은 과감히 삭제했다. 이처럼 명료한 ‘선언’에 대해 역자 따위가 이러쿵저러쿵하는 것은 주제넘은 일이다. 또한 이 문서가 세상에 나오게 된 사정과 그 뒤에 밟은 여정을 설명한 곳에서도 몇 가지 잘못을 확인했기에 이번 기회에 바로잡았다.

등장하는 인물이나 간행물도 예전에는 번역자 주에서 설명했으나, 별도로 부록을 만들었다.

이번 기회에 밝혀 둘 것이 있다. "공산주의"라는 한자어가 원래의 뜻을 살리지 못한다며 외국어를 그대로 읽어 "꼬뮌주의"(또는 "코뮌주의")라고 번역하기도 하는데, 조선과 한국의 역사를 생각하면 "공산주의"라는 번역이 옳다. 또한 1848년에 나온 "공산주의당 선언"이라는 문서의 제목을 1872년에 저자들이 직접 "공산주의 선언"으로 바꾸었으니, 저자들의 뜻에 반하여 책 제목을 바꾸는 것은 옳지 않다. 그래서 이 한국어판의 제목은 "공산주의 선언"이다.

『공산주의 선언』만이 아니라 '맑스 엥겔스 에센스' 모두를 위와 같은 취지에 따라 다시 낼 것을 약속한다. 아울러 '맑스 엥겔스 에센스'를 더욱 풍성하게 할 것도 약속한다.

2016년 1월
김태호

김태호

『칼 맑스 프리드리히 엥겔스 저작 선집』(전 6권)의 번역과 발간에 참여했고, 맑스와
엥겔스의 저작들과 『프레카리아트. 새로운 위험한 계급』(가이 스탠딩), 『18세기 영
국 산업혁명 강의』(아놀드 토인비) 등을 번역했다.

공산주의 선언

지은이 칼 맑스 · 프리드리히 엥겔스
옮긴이 김태호

펴낸곳 박종철출판사
주소 (10497) 경기도 고양시 덕양구 화중로104번길 28 704호(화정동)
전화 031-968-7635(편집), 031-969-7635(영업), 031-964-7635(팩스)
신고번호 제 2013-000045호
신고연월일 1990년 7월 12일

초판 1쇄 1998년 12월 23일
초판 10쇄 2011년 11월 20일
개정판 1쇄 2016년 1월 20일
개정판 3쇄 2024년 12월 28일

ISBN 978-89-85022-79-8 04300

값 9,000원